黄金交易高效战法

刘堂鑫／著

中国宇航出版社
·北京·

图书在版编目（CIP）数据

黄金交易高效战法 / 刘堂鑫著. -- 北京 : 中国宇航出版社，2021.4

ISBN 978-7-5159-1900-3

Ⅰ. ①黄… Ⅱ. ①刘… Ⅲ. ①黄金市场－投资－基本知识 Ⅳ. ①F830.94

中国版本图书馆CIP数据核字(2021)第049519号

责任编辑 吴媛媛　　**装帧设计** 李　松

出版发行 **中国宇航出版社**

社　址 北京市阜成路8号　　**邮　编** 100830

(010)60286808　　(010)68768548

网　址 www.caphbook.com

经　销 新华书店

发行部 (010)60286888　　(010)68371900

(010)60286887　　(010)60286804(传真)

零售店 读者服务部

(010)68371105

承　印 三河市君旺印务有限公司

版　次 2021年4月第1版　　2021年4月第1次印刷

规　格 710×1000　　**开　本** 1/16

印　张 11.75　　**字　数** 153千字

书　号 ISBN 978-7-5159-1900-3

定　价 49.00元

本书如有印装质量问题，可与发行部联系调换

PREFACE 前言

全球蔓延的新冠疫情如同“黑天鹅”，重创了世界经济，并且冲击着全球市场。为了防止疫情扩散，各国采取限制入境和封城等措施，不仅旅游业和大众消费遭到打击，还导致供应链断裂，几乎各个领域都受到影响。为了应对新冠病毒对经济增长带来的负面影响，许多国家政府纷纷采取财政刺激政策以阻止股市的下跌，各国央行也都采取紧急降息措施，以降低借贷成本，鼓励消费，提振经济。欧洲央行和英国央行大幅降息，美联储更是一步直接将利率降为0，推出史无前例的万亿救助法案。

在如此黯淡的经济前景之下，黄金投资深受追捧，金价一举突破2 000美元/盎司，创历史新高。从宏观走势来看，金价突破2 000美元/盎司后，黄金价格中长期依旧会继续上升。主要有以下三点原因。

第一，全球疫情愈演愈烈，美国疫情二次反弹，全球经济形势不容乐观，避险情绪会继续支撑金价走强。

第二，全球货币大放水，世界主要经济体充斥海量的货币，未来一段时间会推升通胀不断走高。由于黄金具有抗通胀属性，所以通胀会继续推高金价。

第三，美债收益率持续走低，实际收益率跌至负值。美债收益率是美元实际价值的标价物，我们知道黄金是以美元计价的，所以美债收益率走低，会降低黄金的持有成本，使得黄金更具有吸引力。因此，极低的美债收益率将会对黄金价格构成强有力的支撑。

随着黄金价格的大幅上涨，使得黄金投资登上热搜，吸引了庞大的投资者。然而，市场上机会和风险是并存的，投资者必须深入研究黄金市场，抓住机会，尽可能地回避风险，提前布局，增加获利空间，才能让投资之帆顺利地驶向财富港湾。

影响黄金价格走势的市场因素主要有三个，分别是基本面、技术面和心理面。每个方面都是一个分力，三者的合力影响黄金价格的最终走势。本书分别从这三个方面进行阐述，同时为投资者提供了七套简易且高胜算的精华版技术分析方法，针对交易难以执行的问题，给出了实质性的改进方案。无论是基本面派交易者、技术派交易者，还是心理分析派交易者，都能从中受益。希望投资者能够深研本书，早日摆脱亏损局面，构建自己的刚性操作系统，实现稳定盈利。

基本面部分深层次分析影响黄金价格的宏微观因素，包括自然灾害、经济政策、地缘政治、联动市场、供需状况、经济数据、经济事件七个方面。每个方面结合黄金价格实际走势，深入剖析其中的因果关系，让投资者有的放失，避免在错综复杂的消息中乱了方寸。

技术面部分主要讲解七种精华版实用高效的交易法，掌握这些交易方法，可以在短线交易中做到游刃有余。第一种是刺入线战法，介绍了六种刺透形态的变体，其中刺透形态和吞没形态胜率最高，是短线交易的利剑。第二种是万能战法，该方法将趋势线作为万能均线的先行条件，完美摆脱了均线滞后和频繁发出虚假信号的弱点，使得万能均线真正成为万能战法。第三种是精华版黄金分割战法，由于大部分投资者错误地使用黄金分割线，无法获得良好的收益，导致其备受诟病，且被冠以“马后炮”的称呼。这里将趋势利率植入黄金分割线分析中，准确地诠释了黄金分割线的正确使用方法，使之成为精准的高胜率盈利方法之一。第四种是高概率指标交易法，该方法将原本表现平庸的KDJ指标和MACD指标巧妙结合，使它们瞬间变废为宝，成为胜率极高的交易方法之一。第五种是布林带之撒手锏战法，该方法使用了布林带最精华的部分，摒弃了布林带对震荡和趋势两种走势同时有效的先天缺陷，使之成为布林带之撒手锏。第六种是AE战法，即将基本面与技术面结合，应用ADP数据对大非农的前瞻性指引所产生的预期对金价带来的影响，再结合控制点等技术指标，形成了一种以基本面为主导、技术面辅助的交易方法。第七种是顺势战法，是一种以决策线为前行指标，以CCI共振为入场信号的交易方法。给CCI加上MA60作为先行指标之后，CCI的盈利能力得到极大提升，瞬间变成了王者级别的交易体系。因为MA60作为决策线，具有一定的稳定性，可以抚平CCI指标的滞后性，并且MA60作为明确的入场点，从抽象变具体，既提高了概率又提升了交易的操作性。

心理面部分从交易的五个本质出发，指出稳定盈利的最终落脚点是知行合一，同时提出了一个完整的路线，帮助投资者提升交易水平，强化执行力，克服难以执行交易原则的问题。这个路线就是通过不断的学习，充分认识市场—利用所学知识和对市场的认知，构建刚性交易系统—从交易心理方向简化交易系统—对自己的交易系统产生信念—实现刚化的操作系统—让交易形成固定框架，自动运转。

最后，希望大家在阅读本书的时候，可以与本人已经出版的《玩转大非农——黄金、外汇、原油非农行情实战技法》和《十年操盘——黄金投资稳定盈利模式》结合起来研究，将会更好地理解基本面交易法和技术面交易法。

刘堂鑫

2021年1月

CONTENTS 目录

第 3 章 技术分析——高胜算交易法

第1章

百万课堂

1.1　朋友的困境

我有一位做黄金珠宝批发生意的朋友，他在资本市场投资上一直很不顺，因为他不太喜欢研究文字方面的东西。然而基本面方面的知识大多是理论性、逻辑性很强的文字讲解，因此多年来他从来不关心商品或证券标的的基本面，还找出很多基本面分析没有用的观点来给自己心理安慰。这些观点有：技术面可以提前预知基本面；市场有效假说（价格完全反映所有可以获得的信息，当然也包含基本面）；基本面不精准，不能找到很好的入场点；基本面对中短期市场变动难以做出正确判断；基本面只有投资大佬才用得上，等等。

他想通过这些技术分析来证明：研究技术面才是提升操盘能力最有效的方法。他一直囿于技术分析领域，是一个纯粹的技术控，虽然他在事业上很成功，为人勤奋好学，能吃苦，但是资本市场毕竟跟传统商业经营不一样。

他把自己亏损的原因归结为技术没有真正学到家，或者是还没有找到真正能够“一剑封喉”的交易绝技。另外，这位朋友还有一个特点，就是把实业投资的一些思想带进了操盘中，认为依据大数法则（概率论法则之一，即随机事件大量出现，往往呈现几乎一致的规律），如果越来越多的技术指标在同一个位置发出交易信号，那么这个位置入场获利的概率就会提升，赚钱的把握也会更大。所以他每次分析行情，至少要不厌其烦地用上四五个指标，比如趋势线、布林带、均线、MACD、成交量、动量指标、平均趋向指标等。其实指标用得越多，交易显得越混乱。如此复杂的分析方法，长期持续下来，谁能保持交易思路清晰呢？而且当指标显示多个不同的买卖信号时，就会对交易产生极大的干扰，最终导致亏损。

技术分析和基本面分析各有优缺点，基本面分析能把握长期的价格趋势，而技术分析可为短期买入、卖出时机的选择提供参考，提高市场分析的科学性、适用性、时效性和可靠性。因此，投资者在具体运用时，应该把它们有机地结合起来，这样方可实现效用最大化。

其实从本质上讲，技术分析是价格的产物，而基本面是价格的驱动因素，如果能找出价格成因的本源并紧抓它，顺势操作，再结合技术分析，肯定会事半功倍，而且基本面也能像技术面那样形成精细化可指导性的操作系统。笔者在《玩转大非农——黄金、外汇、原油非农行情实战技法》一书中介绍的CN理论，使用的就是基本面分析交易法，CN理论具有像技术分析那样精细的操作性。

CN理论的基本法则是：非农数据公布的前几分钟，如果行情向下拉低，那么就反向交易进场做多；如果行情往上拉升，那么就反向交易进场做空。

注意：向上拉升或者向下拉低越明显，反向交易的成功率越高。如果非农数据公布前几分钟，行情没有明显拉升或者拉低，那么可以持币观望，不参与交易。

下面是CN理论的两个应用案例，读者可以通过这两个例子对CN理论有一个大致的了解。

图1-1为国际黄金5分钟级别行情K线图，时间跨度为2018年9月6日到2018年9月10日。在非农数据公布前夕，行情小幅拉升至1 201.7美元/盎司，根据CN理论，反向开仓做空。数据公布后，金价秒跌至1 193美元/盎司附近，瞬间获利8美元。

图1-2为国际黄金1分钟级别行情K线图，时间为2018年8月3日。在非农数据公布前夕，行情下跌到1 211美元/盎司附近，按照CN理论反向开仓

做多。当时极限矢量交易系统也在1 211美元/盎司发出做多信号。数据公布后，金价快速一路涨至1 219美元/盎司，获利8美元。

图1–1

图1–2

笔者向朋友强调过很多次，他总觉得大数据或大事件公布的时候，行情太大把控不住，即使CN理论每次都被验证是非常准确的，他还是不太敢尝试。其实不敢尝试的根源，还是因为他依然滞留在技术分析里。根据笔者以往的分析经验，大行情来临时，很多技术分析都会失效。因为机构会抓住散户的心理，在重大行情上做假动作，使散户都不敢参与或者乱了方寸，此时机构则会通过行情的极速变化诱惑散户交易，以达到“宰杀”散户的目的。

其实交易方法与行情变化大小没有关系，只要方法用对了，每次大行情都是巨大的获利机会，并且获利增加的同时，风险并没有相应增加。行情不可能违背市场本质，而CN理论正是遵循了市场本质，因此CN理论远远胜过任何技术分析，比单纯技术分析更加可靠。

当然，技术分析也很有用。技术分析形象、具体，更易于投资者掌握和理解，资本市场上也有很多技术分析大师创造佳绩的神话。但凡是获大利者，交易之术都是极其简单的。比如天才交易员杰西·利弗莫尔，就是依据一个关键点来交易。索罗斯的成功之法，不过是依据简单的反身性。巴菲特不关注基本面，不看盘，不关注行业，他的投资方法简化到只关注公司的内在价值。我的朋友过多地使用技术指标，最终肯定难以成功。

最近朋友的交易行为又开始异化，可能是一直处于亏损状态，病急乱投医，迷上了一些比较极端的理论，比如阴阳八卦理论、混沌理论。为了帮助他从迷惘之中走出来，我决定好好地给他上一课。

1.2 非农夜的遗憾

2020年8月7日，这一天对黄金交易者来说注定不平凡，因为当晚有万众瞩目的美国非农数据公布，该数据对黄金价格短期乃至中期走势会产生重大影响，这个数据刚好适用于CN理论，于是我就提醒朋友重点关注。

当天晚上黄金震荡下跌，如图1-3所示。当金价跌破2 049美元/盎司的时候，他迫不及待地想追空，理由是金价跌破前一波低点的支撑了，我让他现在不要妄动，在非农数据公布之前，行情大概率不会出现大幅变动，基本会维持震荡走势。他性子比较急，问我："价格破位了，按照技术分析的观点，总要有个惯性下跌吧，我短线赚几个点马上就跑总可以吧？"我耐心地劝说他："你怎么总是心存侥幸呢，之前的亏损大概都是这么造成的吧，就算要做交易，好歹也要等确认破位。"果不其然，刚一说完，黄金价格立即反抽了回去，并且继续上涨。幸亏他没有做空，不然又会是悔恨的一晚。

相信很多投资者都和这位朋友一样没有耐性，做交易没有任何计划，临时上战场，匆忙做决策，这是导致亏损最大的原因。

图1-3为黄金5分钟级别K线图，行情时间跨度为2020年8月6日到2020年8月7日。

图1-3

到了晚上20:25分，还有5分钟就要公布非农数据了，这时候朋友开始不停地问我问题："按照CN理论，是数据公布前低位就做多吗？现在位置很低了，可以下单了吧？止损设为多少？一会儿止损设不了了吧？来不及设置止损怎么办……"

问了一大堆问题，我都不知道先回答哪一个了。朋友这样的表现，其实是因为没有弄懂CN理论，就先入为主，觉得行情已经跌了那么多，下意识地就想要去做多。朋友的表现也表明一个事实：情绪太紧张，不敢做单。我没跟朋友说太多，数据快要公布的时候，金价异动下跌至2 048美元/盎司附近，如图1-4所示。根据CN交易法，我让他开仓做多，并且再三叮嘱他不要害怕，设好止损即可。

图1-4为黄金5分钟级别K线图，行情时间跨度为2020年8月6日到2020年8月7日。

图1-4

没过几分钟，他就发来一个大笑的表情，开心地说："你这方法真是立竿见影，我眼睛还没来得及眨一下就赚了快10万元了。"来不及管他赚多少，我迅速看了一眼美国2020年8月7日刚刚公布的非农数据，如图1-5所示。

美国7月失业率	★★★★★	11.10%	10.50%	10.2%	利空 金银 原油
美国7月季调后非农就业人口(万人)	★★★★★	479.1	160	176.3	利空 金银 原油

图1-5

根据非农析金法可知，数据是小幅利空黄金的，并不是强势非理性利空，所以对手中单子的盈亏影响不大，于是我再次强调朋友设好止损继续持有。根据CN交易法固定ATR止损的几个技术支撑位，此时止损一般应设置为2 040美元/盎司。

朋友见我又强调设置止损，误解为这一笔交易我可能没有把握了，于是急着想落袋为安。这就是典型的散户非理性心理，很容易受外界的影响而拿不住单，纵使方向做对了，往往也只是获一点儿小利就跑了，然而一旦方向做错了，可能就是大亏，一直处于赚小赔大的恶性循环之中。我斩钉截铁地让他继续持有单子，不要轻举妄动，设好止损，不管盈亏。我语重心长地对朋友说："之所以再三重申设置止损，并不是觉得行情马上要反转，而是强调任何时候都要有控制风险的概念，希望养成下单即设置止损的习惯，因为一切成功都建立在正确的止损之上。自己回想一下以前的交易经历，到底是因为做错了亏得多，还是因为没有设置止损，无视风险，导致亏损不断扩大。即使交易水平再高，哪怕只有5%的亏损可能，也必须严格设置止损，因为无视风险，只需一次亏损，就可以让你陷入万劫不复的境地。根据墨菲定律，概率再小也必然会发生。从另一个角度讲，亏损是一种必然存在的事件，投资者往往就是忽视这种必然发生的事件，不愿设置止损，那么最终失败也将会是一个必然事件。人不能永远侥幸，只有时刻防范风险，才能不让失败变成一种必然事件。"

不过当天的行情根本没有打到止损，金价小幅下滑后便直线拉升，价格升至2 062美元/盎司时，我建议朋友获利离场。由于日内黄金已经跌穿上行趋势线，所以反手让他在黄金分割0.618压力位置即2 063美元/盎司附近建立空单。

如图1-6所示，金价随后快速跳水至2 050美元/盎司，他的账户盈利已经达10多万元。但是金价快速反抽至2 058美元/盎司，眼看账面的浮动利润所剩无几了。这时他非常懊恼，使劲责怪自己太贪了，如果在2050美元/盎司附近平仓就好了。“刘总，你说现在我该怎么办？要不要跑了？”我听他的话差点儿“晕过去”，一进场金价就暴跌十几美元，所以暴跌后出现反弹是正常现象。艾略特为什么把行情走势比作波浪，不就是因为价格永远不可能只跌不涨，也永远不可能只涨不跌，波动才是价格走势的客观表现。人的天性总是害怕失去已有的，所以投资者一般难以接受浮动盈利出现回吐。但是，短暂的利润回吐只是未来获取更大利润付出的成本，有舍才有得，难以承受市场波动，就无法做到让利润奔跑，也就无法获取更大的收益。

图1–6

跟朋友讲了很多道理，虽然他只顾心疼自己失去的浮动利润，对我的话听不进去多少，但毕竟持有的单子还是浮盈的，这可能给了他继续持仓的底气，所以他还是按照我教的止损原则，将止损点移动到进场点之上，即2 065美元/桶。

金价并没有触发止损，而是转头震荡下行。金价跌破黄金分割位0线的位置时，我让他再加1倍仓位做空（盈利时加仓的仓位管理原则）。之后金价迅速跳水，浮盈再一次增加，朋友的喜悦之情溢于言表。但是，接下来的行情让他坐立难安，金价在低位宽幅震荡，他的心情也随着账户利润的波动时喜时忧。在金价再度反弹至前方低点压力位2 039美元/盎司附近时，我建议他再次加仓（见图1-7），他却告诉我，由于价格来回震荡，他受不了这样的折磨，在2 035美元/盎司附近就已经平仓了，获利不到40万元，还不够弥补自己在展厅实物黄金中的亏损，我也只能发他一个无奈的表情。

图1-7

我根据他的技术认知水平，画了一张双重压力的图形（见图1-8），告诉他要平仓也不能在接近压力位的时候平仓。2 039美元/盎司是布林带中轨和黄金分割0.382线的压力位，金价反弹到压力位附近时，下跌的概率远大于上涨的概率。再加上他持有的单子是大幅盈利的，止损已经移动，可以说仓位是万无一失。无风险去博大利润，很值得去做，何况胜算率站在我们这一边。他也有点儿郁闷，懊悔自己做了不明智的决策。看到价格在自己平仓后一直跌跌不休，他也很后悔，不然这次交易有可能斩获近百万元的利润。

图1-8

虽然这位朋友无法控制自己提前平仓，但是对他来说，这次操作算是一次重大突破。后来这位朋友和我讲：“刘总，你这次犹如教科书般的操作，算是给我上了一堂深刻的投资课，让我明白了自己的偏见与不足，以及对市场和对自己认识的不足。以前自己钻进了亏损的死胡同，找不到正确的方向，有了这次成功的经验，接受了很多很有价值的教导，我相信以后的投资会更加顺畅。”

从朋友这次交易带来的心理变化可以看到，他与一般投资者一样，心理脆弱，患得患失，容易受到行情波动的干扰，缺乏持仓的耐心，赚了拿不住单子，这也是大多数散户总是亏损的原因。希望他以后能不断提升自我，克服人性弱点，实现稳定盈利，做好展厅黄金实物对冲。因为做实体珠宝生意，展厅会有很大的黄金实物存量，如果黄金价格下跌，经营者就会被动亏损。如果在电子盘高价位抛售黄金对冲，那么当黄金价格下跌的时候，展厅实物黄金价值是缩水的，但是电子盘空单黄金是盈利的，这样一亏一赚就对冲了，无惧金价下跌导致实物黄金价值缩水的风险。

我在引导这位朋友的同时，讲得最多的就是止损和风控，这是在资本市场立足的根本，同时希望大家能重视并牢记于心。除此之外，还涉及了两套高效的交易方法——CN交易法和精华版黄金分割交易法，以及交易者要不断领悟的交易思想和交易原则——墨菲定律、止损原则和加仓原则。如果上面的内容大家没看明白，本书接下来的章节将会继续讲解，希望每位读者都能从中获益。

第 2 章

基本面分析
——影响黄金价格走势的因素

马克思曾说："金银天然不是货币，但货币天然是金银。"可以说这是一个经典的阐述，它深刻地揭示了黄金在经济活动中的地位和作用。

从布雷顿森林体系建立伊始，世界经济就进入了不稳定的通货膨胀期。虽然布雷顿森林体系使得金本位发生了改变，但是黄金依旧在布雷顿森林体系中起到重要的主体作用，美元这时只是起到黄金"代理人"的作用。

从20世纪50年代后半期开始，国际货币体系中的美元大量过剩，美国对外短期债务激增，甚至超越黄金储备，最终以外汇自由化、资本自由化和贸易自由化为主要内容的"布雷顿森林体系"宣布崩溃，尼克松政府宣布停止履行外国政府或中央银行可用美元向美国兑换黄金的义务，黄金非货币化的改革也由此开始。

此后信用货币开始登上历史舞台，但是，由于信用货币无法避免地会引起通货膨胀，造成经济动荡，所以黄金作为特殊商品，仍然是其他国家的主要储备资产，其国际储备资产地位和数量仍然远高于美元，并且在现代经济中，黄金已经演化出重要的金融性质。

从中可以看到，任何发达的金融市场体系，必然有发达的黄金市场，且在金融市场中扮演着重要角色。黄金市场之所以成为金融市场必不可少的组成部分，主要在于黄金具有的特殊性质和功能。作为世界领域的特殊商品，黄金兼具商品属性和货币属性。作为一般商品，它可以满足工业、商业等方面的需求；作为稳定的货币金属，它是最佳的储藏手段和保值对象；作为世界货币，它是各国政府及央行公认的最有效的国际储备；作为支付工具，它既可以是国际购买手段，也可以是国际支付手段以及国际财富转移的手段。在当今复杂的世界经济环境下，黄金不仅可以作为国家的避险工具和中央银行执行货币政策的工具，还可以作为投融资工具。

此外，黄金市场的不断发展和健全也有利于金融市场的均衡和平稳。黄金市场对货币市场、外汇市场、资本市场、保险市场起到了均衡作用。各类金融市场开放发展后，形成了金融资产多样化、投资渠道多元化的局面，使得各类金融市场相互牵制、相互制约，形成均衡的局面，市场行情趋于平稳，避免了大起大落，因此有利于金融市场的稳定。此外，黄金市场的稳定性和投资者参与黄金市场交易的需求，也为金融市场的正常运转起到了助推器和润滑剂的作用，这对协调稳定地发展货币市场、证券市场、保险市场和外汇市场也是非常有利的。

综合来看，黄金在现代经济中发挥了重要的作用，使得影响黄金价格的因素非常多，但是主要有以下几点。

2.1 自然灾害

因为黄金天然具有货币的特质，使得它必然拥有保值避险的功能和作用。在发生自然灾害的时候，人们对和平与稳定的期望往往就会增加，害怕自己手中的资产贬值，于是就会产生恐慌，避险情绪升温则带动黄金价格上扬，这个时候股票和房地产价格一般都会下跌。黄金的金融特殊属性，也决定了它成为避险保值的最佳品种。

近几年，人类面临的自然灾害频频发生。如2004年12月26日发生在印度洋海底的9.3级大地震与海啸，2005年3月28日发生在印度尼西亚苏门答腊岛的8.7级大地震，2008年5月12日发生在中国汶川的8.0级大地震，2010年1月12日发生在海地的7.3级强烈地震，2010年2月27日发生在智利的8.8级强烈地震，2011年3月11日发生在日本福岛的9.0级大地震与海啸等，都不同程度地引发了黄金价格的上涨。

2020年的新冠疫情对全球经济冲击很大，全球失业人数创历史新高。在大灾难面前，黄金价格也迎来“史诗级”暴涨，劲破2 000美元创历史新高。因为疫情肆虐，一些黄金产量高的国家被迫关闭了部分金矿，如南非、墨西哥、加拿大和秘鲁，分别关闭了多个矿区，许多公司也宣布延长关闭时间，因此黄金供给减少。同时，对未来的不确定性和对经济局势的普遍担忧，使得市场对贵金属的需求非常旺盛，这将继续为黄金价格上涨提供强劲支撑。

图2-1为黄金日线级别K线图，行情时间跨度为2019年12月25日到2020年8月6日。

图2-1

2020年8月5日，黎巴嫩首都贝鲁特港口区突发爆炸，更是刺激黄金快速走高至2 055美元/盎司。

图2-2为黄金15分钟级别K线图，行情时间跨度为2020年8月4日到2020年8月6日。

图2-2

目前，黄金的未来价格走势很大程度上取决于中国、印度、欧洲和美国这些全球大经济体的情况。世界黄金协会的交互式黄金估值工具（Qaurum）强调了未来走势的不确定性，考虑了牛津经济研究院提出的四种宏观经济情景，并研究了黄金在每种情况下的表现。

（1）在V型快速复苏的情况下，投资黄金的回报率在2020年至2022年间下降，随后两年转为负值。

（2）在深度衰退的情况下，金价在2020年的强劲表现将更为持久，直到2023年，金价涨幅依然强劲，但在2024年转为负值之前，涨幅有所下降。这种情况下，投资黄金在5年内的复合年回报率约为20%。

（3）在美国企业发生危机的情况下，2020年黄金隐含收益率表现非常强劲，接下来4年则会持续下跌；5年复合收益率为2%，仍为正值。

（4）在新兴市场低迷的情况下，2020年和2021年的黄金隐含回报率高于大多数其他情景，2022年仍为正值。然后在2023年和2024年，隐含回报率会变为负值。黄金5年的年化隐含回报率达到两位数。

目前，黄金市场尽管出现一些价格调整，但涨势仍然强劲，并且还将持续一段时间，这主要因为全球还没走出新冠疫情的困境。随着美国、欧洲等地疫情二次反弹，感染人数大量增加，预计新冠疫情还将持续一段时间，全球经济形势不容乐观，这使得黄金市场成为投资避风港之一。

2.2 经济政策

经济政策分为财政政策和货币政策，都是调节经济的手段。

2.2.1 财政政策

财政政策是指国家通过控制财政收入与财政支出方向和数量，及其对数量增减变化的调整来调节社会总需求。如预算、税收、国债、补贴、财政收入和支出等。

财政政策可分为紧缩财政政策和宽松财政政策。紧缩财政政策的目的是减少财政开支，抑制需求，扩大社会总供给，这将抑制通货膨胀。宽松财政政策的目的是扩大财政支出，刺激需求、增加国债、扩大财政赤字将刺激通货膨胀。

2.2.2 货币政策

货币政策是指通过中央银行对货币供应量、信贷量、利率等进行调节和控制而采取的政策措施。

货币政策可分为紧缩货币政策和宽松货币政策。紧缩货币政策的目的是提高利率、增加储蓄、提高存款准备金率、减少货币供应量、控制货币信贷、抑制消费，这将抑制通货膨胀。宽松货币政策的目的是降低利率、减少存款储蓄、降低存款准备金率、增加货币供应量、刺激消费，这将刺激通货膨胀。

黄金作为硬通货，不像纸币那样没有内在价值，黄金的保值功能在高通胀时期尤为明显。黄金由于本身的质地和总量有限，所以其价值是相对稳定的，而货币的发行则是由各国央行根据自身情况决定的。比如，2008年次贷危机像多米诺骨牌波及全球金融市场，特别是当时欧洲经济增长缓慢，多国政府不计成本挽救金融体系，为了刺激经济而使用宽松货币政策，开启印钞模式，海量货币充斥经济体，导致通货膨胀率大幅飙升，纸币加速贬值，信用危机加剧。而黄金是规避信用货币风险、汇率风险和维护国家经济、金融安全的重要储备资产。

国际储备货币主要有英磅、欧元、美元、日元、人民币等，这些货币的价值取决于发行国家的经济实力和诚信度。黄金则不同，它具有价值高、体积小、质地均匀、不易磨损、便于保存和携带等特点，特别是黄金本身的质地优良，所以能够从本质上充当一般等价物。黄金的产量受制于自然界，不会像纸币那样被滥发，它具有价值尺度、支付手段和价值储存等职能。在金本位时代，黄金具有货币具备的一切职能。马克思的商品价值论认为：商品价值决定商品价格，价格围绕价值上下波动。由于黄金同时具有商品价值和货币价值属性，自然而然地，黄金价值决定了其价格的无限性，因此黄金具有天然的抗通胀属性。

一般在经济出现下行风险的时候，政府会采取宽松货币政策和宽松财政政策以刺激经济，这个时候就会有大量货币涌入经济体，投资和需求增加，通胀上升，引发货币贬值，导致黄金价格上涨。例如，美国参议院在2020年3月18日通过了第二轮抗疫救助法案，开启史无前例的万亿财政刺激政策以挽救美国经济，致使美元高台跳水，开启了灾难性暴跌，黄金价格则是触底暴涨。

图2-3为美元日线级别K线图，时间跨度为2019年11月6日到2020年8月5日。

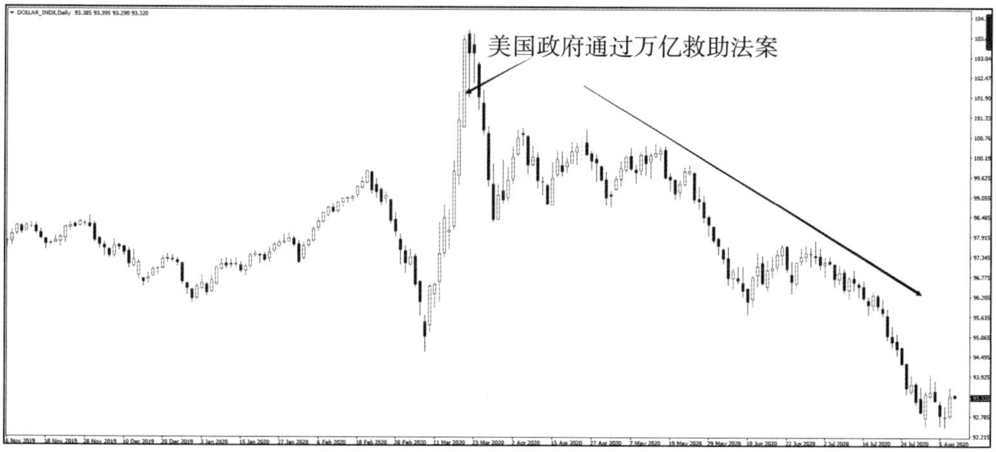

图2-3

图2-4为黄金日线级别K线图，行情时间跨度为2019年12月25日到2020年8月6日。

图2-4

次贷危机期间，美联储2008年12月曾将基准利率降至0～0.25%，超宽松的货币政策导致流动性泛滥，引发美元直线暴跌，黄金价格则从中获益，开启翻倍暴涨模式。

图2-5为美元周线级别K线图，行情时间跨度为2007年8月19日到2010年5月16日。

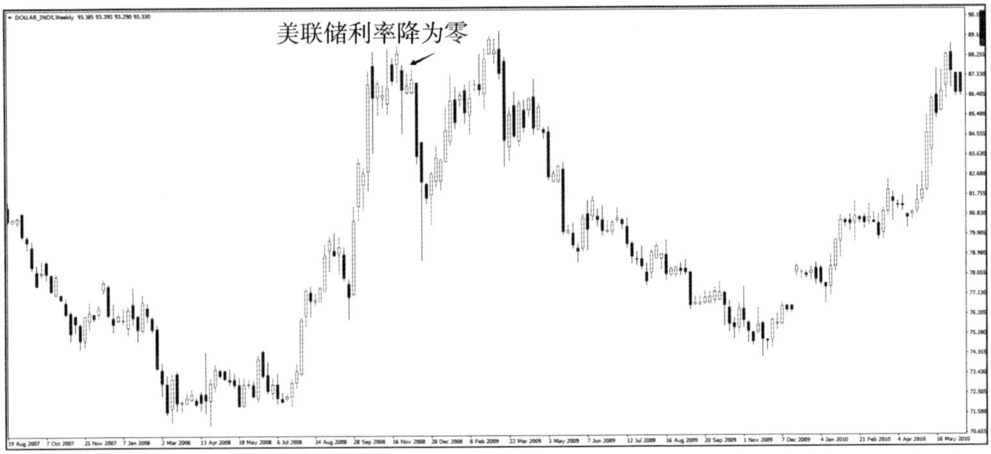

图2-5

图2-6为黄金周线级别K线图，行情时间跨度为2008年8月16日到2012年4月15日。

图2-6

综上所述，一个经济体的经济政策，对黄金价格有着巨大的影响，尤其是欧美主要经济体宽松的经济政策，都会不同程度地导致货币贬值，引发通胀。那么，作为抗通胀工具的黄金，每一轮金融危机都会刺激黄金价格暴涨。

在信用货币时代，经济动荡无法避免，且周期性的经济危机始终存在，纸币不可避免地贬值，那么黄金则会在信用货币时代长期保持升值，除非这一信用货币时代发生改变。

2.3 地缘政治

地缘政治是政治地理学中的一项理论。它主要是根据地理要素和政治格局的地域形式，分析和预测世界或地区范围的战略形势和有关国家的政治行为。地缘政治对一个国家的重要性不言而喻。

在1973年布雷顿森林体系解体之前，因为国际上通行金本位，黄金价格受到管制，因此不存在价格上的剧烈波动问题。但随着越南战争把美国经济拖入低谷，又加上布雷顿森林体系解体，黄金与美元脱钩，金价开始自由波动。因为黄金具有商品和货币双重属性，在信用货币不可避免的不断贬值下，其价格开始出现剧烈波动。

国际地缘政治不稳定会造成资源供给不稳定，增强黄金的避险功能，同时会削弱信用货币的吸引力，刺激黄金价格上涨。在当今信用货币时代，一旦政治和经济发生动荡，信用货币的吸引力会迅速下降，市场资金会大量流向商品市场。作为商品之王的黄金，将会成为防范国际政治、经济风险的最后防线，这无疑会支撑黄金价格上扬。

在战略性资源需求日益增长的现代社会，像石油等重要战略资源富集地区，如果地缘政治出现不稳定预期，重要战略资源的供给就会受到威胁，社会运行状态将会被打乱，有重大避险功能的黄金将会受到追捧，进而引发黄金价格上涨。

“大炮一响，黄金万两”即是对黄金避险价值的形象诠释。任何一次战争或政治局势的动荡都会促使金价上涨，而突发性事件往往会让金价短期内大幅飙升。特别是1973—1980年和2001—2007年间，世界黄金价格出现了两次大幅上涨。究其原因，发生的重要历史事件是引导金价波动的重要助力，而这些事件都与地缘政治因素有着紧密的联系。第四次中东战争期间，1973—1974年的黄金价格出现大幅上涨，其后随着中东事态的逐渐平息而快速回落。1979—1980年，国际重大地缘政治事件密集发生，支撑黄金价格每日以30~50美元的速度飙升，并于1980年年初创下了870美元的历史高点。

下面再看看近期发生的地缘政治事件对黄金价格的影响。

2013年8月，美国总统奥巴马宣称将对叙利亚实施军事打击。即使最终没有开战，这一短期冲突事件也引发了黄金价格快速上扬。图2-7为黄金日线级别K线图，行情时间跨度为2013年5月17日到2013年12月30日。

图2-7

2020年1月，伊朗发射弹道导弹打击美军基地，引发黄金价格快速拉升。图2-8为黄金日线级别K线图，行情时间跨度为2019年8月20日到2020年3月31日。

图2-8

2020年7月，美国关闭中国驻休斯顿总领馆事件激发金价突破1 880美元。图2-9为黄金日线级别K线图，行情时间跨度为2020年4月20日到2020年8月10日。

图2-9

北京时间2018年3月23日凌晨，美国总统特朗普签署备忘录，基于美贸易代表办公室公布的对华“301”调查报告，指令有关部门对从中国进口的约600亿美元商品大规模加征关税，并限制中国企业对美投资并购。特朗普挑起中美贸易摩擦，导致金价直线上扬。

图2-10为黄金日线级别K线图，行情时间跨度为2017年11月5日到2018年6月24日。

图2-10

地缘政治对黄金价格走势的影响，存在很多表现形式，这与地缘政治影响的程度和持续的时间长短关系较大。如果地缘政治事件没有涉及大国，不会对全球经济、金融格局造成冲击，那么对黄金市场的影响会比较有限。如果地缘政治因素可能明显打破全球经济、金融格局的平衡，并且存在较长时间的持续性，那么就会对黄金市场带来很大的影响，而且影响的时间也会持续很久。

2020年的中美贸易摩擦、美伊冲突等一系列国际纠纷和冲突，更加促进了黄金等贵金属价格的强势趋势。单从北非、中东局势对金融市场的影响，即可窥见一斑。北非、中东局势的本质是原油价格对金融市场的影响，但其内乱会明显破坏全球经济和金融的平衡格局。就像2020年欧美深陷经济危机，疫情导致失业率大幅攀升一样，其结果必然会严重破坏全球金融市场甚至全球的实体经济。2020年全球通胀预期升温，超宽松的财政和货币刺激措施，以及疫情二次反弹，美债收益率持续下跌，美国大选之后的政策不确定性，也会使投资者产生避险情绪，这就意味着中长期黄金价格上涨的态势是不会发生根本变化的。

2.4　联动市场

黄金作为财富的象征，价值稳定恒久，具有极强的抗通胀属性和卓越的避险功能。另外，国际现货黄金交易是一个难以被操控的全球化市场，作为足值的稀缺货币，不可能像股票和房地产那样发生崩盘，并且黄金没有折旧，世界流通，是最好的投资品种之一，因此黄金历来受到投资者的追捧。2020年黄金价格大幅暴涨至2 000美元/盎司以上，更是将黄金投资推到了风口浪尖。

黄金作为一种全球性资产，与其他投资品种之间存在着千丝万缕的联系，投资者深入研究这种关联性，对把握黄金价格未来走势有极大的帮助。

2.4.1　冤家：美元

美元和黄金价格，可以说是一对天生的“冤家”。国际金价用美元计价，黄金价格与美元走势的关联非常密切。一般情况下呈现美元涨、黄金跌或美元跌、黄金涨的负相关性。

美元与黄金的负相关性并不是一直就有的。在第二次世界大战结束前的几十年间，国际货币体系分裂成几个互相竞争的货币集团。各国为了自身利益，竞相贬值本国货币，导致货币系统动荡不定。每一个经济集团都想以他国利益为牺牲品，来解决自身的国际收支和就业问题，呈现出极端混乱的状态。

这种现象一直持续到第二次世界大战后。美国作为“一战”和“二战”中的重要受益国，开始在经济上不断超越其他资本主义国家。到二战结束时，美国国内生产总值在全球所占的比重已经达到了53%，占据世界经济体量的一半还多，由此登上了世界经济霸主的宝座。美元的国际地位也因为美国拥有丰富的黄金储备和强大的经济实力而变得空前牢固。

在此之前，“金本位制”是流行度和自发性最强的国际货币制度。美国经济实力剧增之后，美元的作用和地位开始凸显。美国凭借战后拥有全球四分之三的黄金储备和强大的军事实力，美国财政部助理部长哈里·怀特力主强化美元地位的提议，力挫英国代表团团长、经济学大师凯恩斯提出的方案，“怀特计划”最终被联合国货币金融会议与会各国接受，从而建立了布雷顿森林体系。

布雷顿森林体系明确各国在其国内实行信用货币制度，在对外货币关系中实行与美元挂钩的固定汇率制度，各国货币当局可用美元外汇储备按照约定价格向美国货币当局兑换黄金。这是一种“以美元为中心，以黄金为最后储备单位”的国际货币制度。自此，美元与黄金之间也发生了重大关联，美元成为一种“准世界货币”，代替黄金在全球流通。

（1）美元和黄金作为世界储备资产成为世界贸易结算单位。

（2）美元作为“准世界货币”，在世界主要黄金市场都以美元为报价单位。

这种关联也造成了一种现象，若各国央行减少黄金储备持有量，相应地就需要增加美元储备。于是，黄金和美元就形成了一种负相关关系，即美元价格上涨，黄金价格就会下跌，美元价格下跌，黄金价格就会上涨。黄金价格与美元价格在20年内的走势如图2-11所示，黄金价格与美元价格呈现出的负相关关系，如图2-12所示。

布雷顿森林体系其实就是一种变相的金汇兑本位制：通过以黄金做担保

的美元，让其他国家的货币依附在美元上，使得各国货币都处于附庸地位。因此，各国的货币政策都可能受到美元的牵制。

从另外几个方面来说，布雷顿森林体系与金汇兑本位制也存在诸多不同之处。

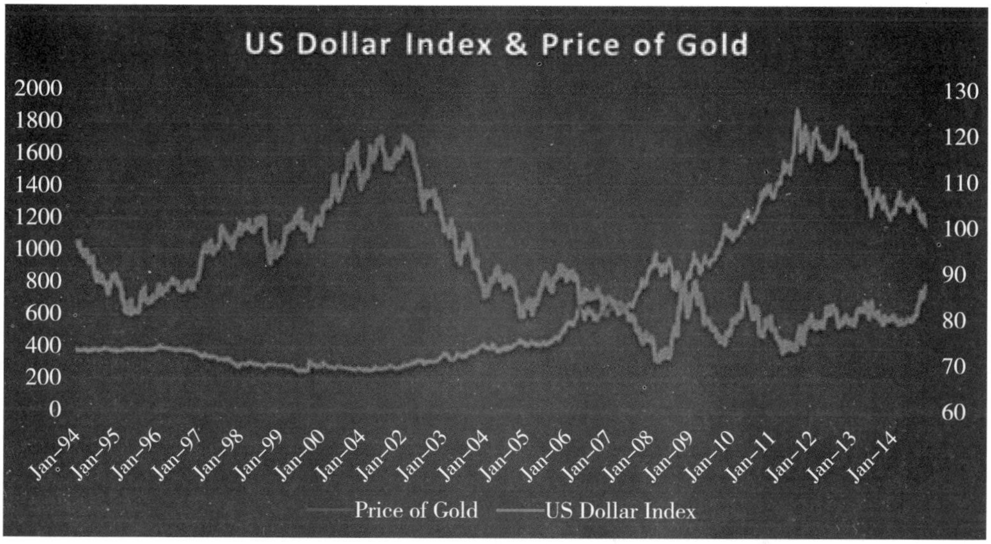

图2–11

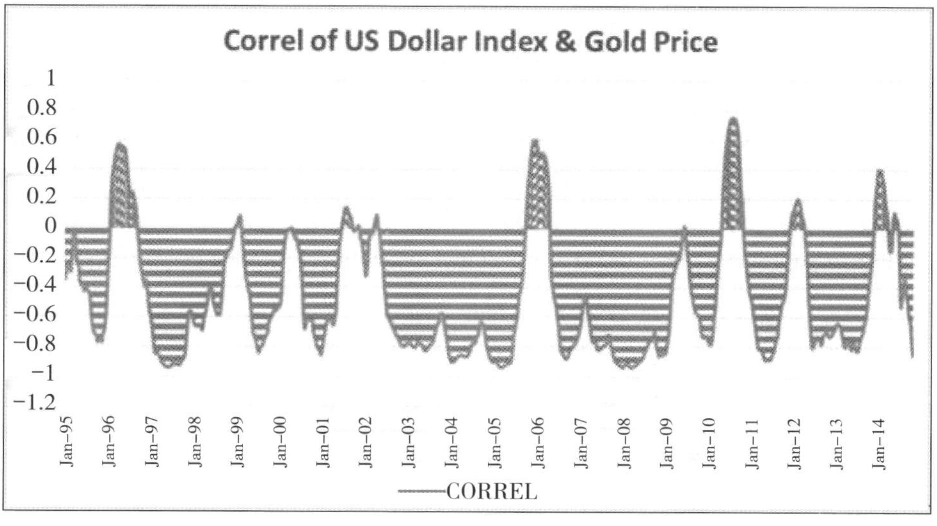

图2–12

（1）这是世界上众多国家第一次有意识地共同建立一个稳定的货币体系，在此基础上创建的国际货币基金组织（IMF）和世界银行（World Bank），也成为协调和维护各国之间贸易往来、协调各国货币和金融事务的重要机构。

（2）布雷顿森林体系建立在美国这个超级大国的基础上，这与之前的金汇兑本位制截然不同。在相当长一段时间内，美国经济的稳定和快速发展为这一体制提供了保障，维护了世界货币体系的运转。

但是20世纪70年代前后，美国财政赤字巨大，国际收入情况恶化，美元的信誉受到冲击，爆发了多次美元危机。与此同时，欧洲、日本的兴起，削弱了美国经济实力，使得美国无力承担稳定美元汇率的责任。再加上贸易保护主义抬头，美国相继两次宣布美元贬值。在此情况下，各国纷纷放弃本国货币与美元的固定汇率，采取浮动汇率制。以美元为中心的国际货币体系瓦解，美元地位下降，布雷顿森林体系也宣告解体，最终国际货币基金组织放弃了这一制度。

时至今日，美元仍然能够影响黄金价格，两者在大部分时间都呈负相关，这是为什么呢？主要有以下三个原因。

（1）美国经济实力长期居于世界第一位。世界银行2017年公布的2015年全球GDP占比数据显示，2015年，美国GDP总量达18.04万亿美元，占世界总量的24.32%，如图2-13所示。根据美国经济分析局的数据，以现值美元计算，美国2016年GDP总量约为18.6万亿美元，占到全球GDP总量的1/5以上，对外贸易总额仍然是世界第一。正因如此，世界经济深受其影响，而黄金价格与世界经济的好坏呈负相关，所以美元能制约黄金价格的升跌。

（2）世界黄金市场一般都以美元标价，美元与各国货币的汇率势必会影响金价。当美元贬值时，使用其他货币购买黄金时，等量资金可以买到更多的黄金，从而刺激需求，导致黄金需求量增加，进而推动金价走高。相反，如果美元升值，对于使用其他货币的投资者来说，金价就变贵了，这样就抑制了需求，致使金价下跌。美元升值或贬值代表着人们对美元的信心，美元贬值，说明人们对美元的信心减弱，继而会增加对黄金的持有，从而导致黄金价格上涨；美元升值，说明人们对美元的信心增强，从而增加对美元的持有，导致黄金价格下跌。例如2015年金价走入低谷，就与美国经济持续复苏，美元持续坚挺有密切的关系。

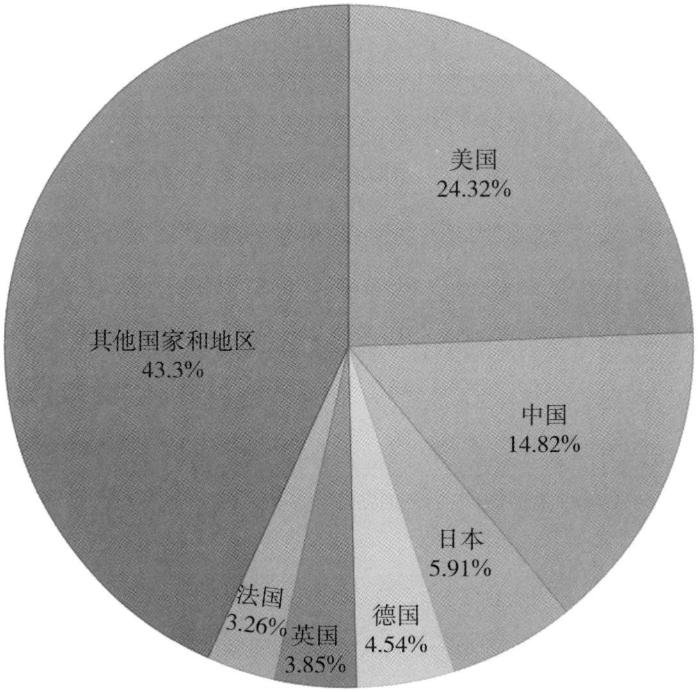

图2-13

（3）由于美元与黄金同是各国家中央银行的重要储备资产，若美元指数表现坚挺，就在一定程度上削弱了黄金作为储备资产和保值功能的地位。

值得注意的是，近年来世界经济版图正在日益发生变化，美国的世界经济霸主地位受到了多方挑战。美元作为除黄金之外的唯一储备资产这一地位不再牢固。许多国家为了规避美元贬值带来的风险，开始推动储备资产的多样化进程，再加上国际政治、经济局势等因素的影响，美元和黄金的关联性逐渐减弱。例如，在1995年、2005年、2010年、2016年，美元与黄金呈现了极其明确的正相关关系。

当然，这并不意味着黄金和美元负相关的“铁律”就不存在了，这只能从一方面反映美元对黄金的影响减弱，另一方面也可能是因为两者同为避险产品，市场避险需求的增加推动美元和黄金同步走高。从长期趋势来看，美元和黄金负相关关系依旧存在，但是从短期情况来看，二者的价格有时候也会同向进退。

这里补充一点，众所周知，实际利率下降，金价将上涨；实际利率上升，金价将下跌。但实际利率波动同等幅度时，金价的涨幅比跌幅大，这就是黄金的正凸性。美元和美债同为利率的标的物，二者都是避险资产，都与黄金呈反向变动关系，但是美债代表的实际收益率与黄金的反向变动关系更加密切。

美债与黄金之间的关系如图2-14所示。

图2-14

2.4.2　好朋友：原油

黄金与石油之间存在着正相关的变动关系，也就是说，黄金价格和石油价格通常是共进退的。石油价格上升预示着黄金价格也要上升，石油价格下跌预示着黄金价格也要下跌。

油价波动直接影响世界经济尤其是美国经济的发展。美国经济总量和原油消费量均列世界第一，美国经济走势直接影响美国资产质量的变化，从而引起美元的升跌，进而引起黄金价格的涨跌。据国际货币基金组织（IMF）估算，油价每上涨5美元，将削减全球经济增长率约0.3个百分点，美国经济增长率则可能下降约0.4个百分点。当油价连续飙升时，国际货币基金组织会调低未来经济增长预期。油价已经成为全球经济的“晴雨表”，高油价也意味着经济增长不确定性增加，通胀预期逐步升温，继而推升黄金价格。

例如2019年9月16日，由于沙特两大油田遭袭击，导致石油供应受到一定影响，油价大幅走高，同期黄金则受到避险因素的影响而大涨。

再如2020年3月，国际原油暴跌，美国原油期货更是罕见的跌入负油价，黄金也跟随出现“滑铁卢”式大跌。

图2-15为原油日线级别K线图，行情时间跨度为2019年12月24日到2020年8月5日。

图2-16为黄金日线级别K线图，行情时间跨度为2020年2月5日到2020年4月28日。

说到黄金与原油之间的关系，不能不强调黄金的抗通胀属性。黄金作为传统货币，虽然现在已经退出货币的历史舞台，但是其货币属性在人们心中依然具有不可动摇的地位，仍具有全世界范围内的流通性和变现能力，并且是各个国家重要的储备资产和战略资源。

图2-15

图2-16

黄金是足值货币，没有任何信用风险，而现代信用货币本身没有价值。一方面，信用货币的价值由主权信用决定，一旦某国的主权信用风险上升，那么该国的信用货币就会由于人们对其失去信心而遭到抛售，进而导致货币贬值，黄金作为最后支付手段的作用和需求就会预期上升。另一方面，黄金储量有限，不像纸币可以由政府发行。当政府开启印钞机，出现货币超量发行的时候，就会导致本国货币大幅贬值，购买力下降，引发通货膨胀，此时购买力稳定的黄金就会受到追捧。

所以，出现通货膨胀的时候，货币贬值，购买力下降，就会引起黄金价格上涨；当通货紧缩的时候，货币升值，利率升高，人们就会卖出不孳息的黄金资产，导致黄金价格下跌。

图2-17中左边纵轴Core PCE Index（简称CPI）指核心个人消费指数，是衡量美国通货膨胀的重要指标，右边纵轴Gold Price 指黄金价格。图中行情时间跨度为1971年1月到2015年1月，从中可见通胀和金价大体呈同向变动关系。

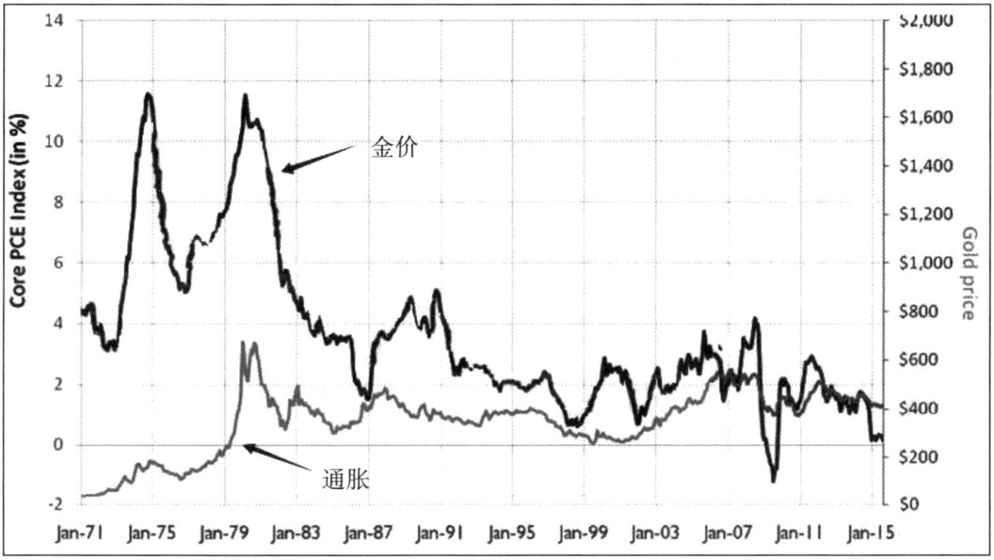

图2-17

原油作为社会生活的主要消费品，在社会经济发展中具有非常广泛的作用与功能，各行各业几乎都离不开原油产品。原油产品是材料工业的支柱之一，与现代交通工业的发展息息相关，工业、农业、手工业、科技、建材等几乎无处不有原油的身影。能源在国民消费中占据了很大比重，因此原油价格的波动对通货膨胀影响非常大。一般情况下，出现通货膨胀的时候，会促使油价上涨；通货紧缩的时候，会导致油价下跌。

图2-18为美国能源CPI分项同比和原油价格同比历史变化走势图。图中行情时间跨度为2014年1月到2017年5月，从中可见油价和CPI几乎同涨同跌。

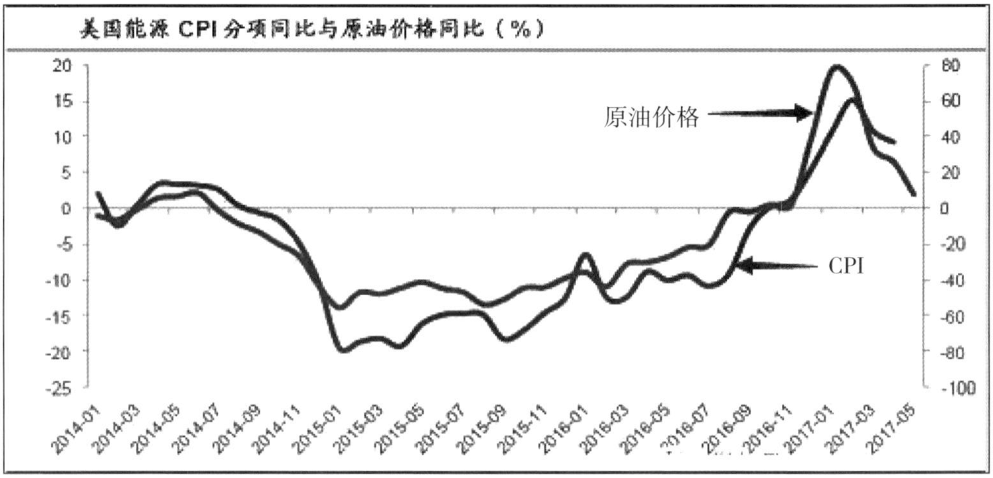

图2-18

经过上面的分析，我们知道，原油价格上涨，就意味着通货膨胀指标上升，那么具有抗通胀功能的黄金也会受到青睐而出现价格上涨；原油价格下跌，意味着通货膨胀指标下跌，那么资金会流出黄金市场，去追逐更高收益的其他风险资产，导致黄金价格下跌。所以，从整体而言，黄金与原油价格呈正相关性。

比如，20世纪70年代，原油价格大幅上涨，同时期黄金价格也大涨；20世纪90年代，原油价格跌跌不休，黄金价格降至历史低位；2016年初原油价格触底，短短4个月暴涨近90%，黄金也跟随原油价格强势反转，结束4年来的熊市，飙升逾250美元。

图2-19为黄金价格和原油价格历史走势图，行情时间跨度为2001年1月2日到2010年9月10日。从图中可见黄金价格和原油价格整体呈正向变动关系。

图2-19

再以最近的黄金价格和原油价格行情走势来说明二者之间的正相关性。

图2-20为WTI原油和国际黄金日线级别K线图，行情时间跨度为2017年11月1日到2019年1月30日。图中箭头所示的对应时间段，黄金价格和原油价格走势几乎同涨同跌，呈现高度正相关性。

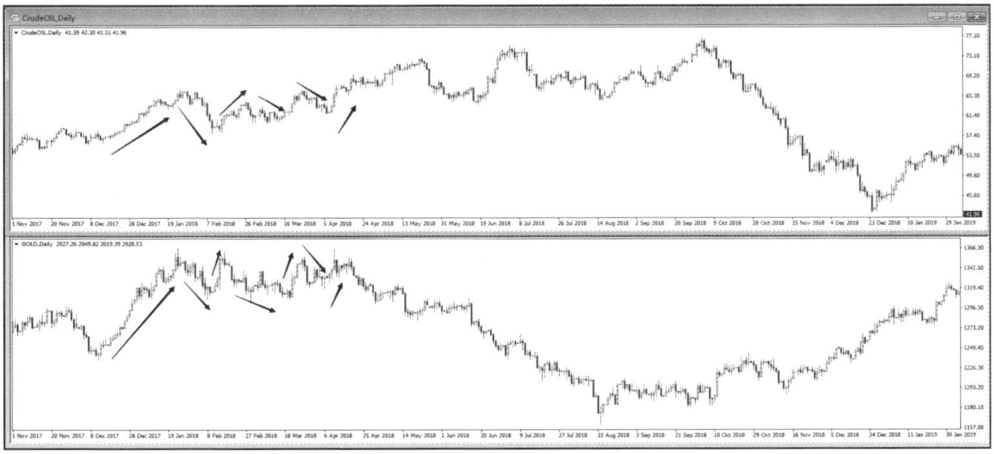

图2-20

影响黄金与原油正向关系的原因还有美元强弱、石油输出国对黄金储备的运作等。国际市场上，黄金和原油都以美元计价，所以当美元上涨时，人们倾向卖出黄金和原油，以获取高价值的美元；当美元下跌时，人们会倾向买入黄金和原油，这就导致黄金和原油会出现同涨同跌的正相关性。石油输出国手中掌握了巨额的“石油美元”，如果他们增加黄金储备，会导致黄金价格上涨，巨额“石油美元”流出，又会导致美元贬值，进一步刺激黄金和原油价格上涨，从这一角度分析，也会导致黄金和原油价格呈现正相关性。

当然，在少数情况下，黄金和原油也有反向运行的时候，也就是黄金和原油价格呈现负相关性。这种负相关性主要分为4种情况。

（1）当金融危机爆发的时候，资金会流入黄金市场寻求避险，从而使得黄金价格上涨。但是经济疲软，会大大减少对原油的需求，油价也会因为需求不足而不断下跌。2008年9月中旬，国际金融危机爆发，引发国际大宗商品价格崩盘，原油价格领跌。与原油市场相反，全球最大的黄金ETF基金SPDR的黄金持有量却一直在增加，人们买入黄金资产以规避市场风险。资金撤离原油市场，加重了原油价格的跌势，而避险资金进入黄金市场，却支撑黄金价格走高。

图2-21为WTI原油和国际黄金周线级别K线图，行情时间跨度为2006年12月9日到2010年8月14日。金融危机爆发的时候，黄金价格和原油价格走势呈现高度负相关性。

（2）大型机构组织或者央行抛售黄金储备。20世纪70年代，油价一直位于高位，但黄金价格不涨反跌，主要是因为美国财政部为了阻止投资者对黄金的投机性需求而抛售黄金储备，国际货币基金组织随后也跟随出售黄金，导致黄金市场供给迅速增加，价格易跌难涨。

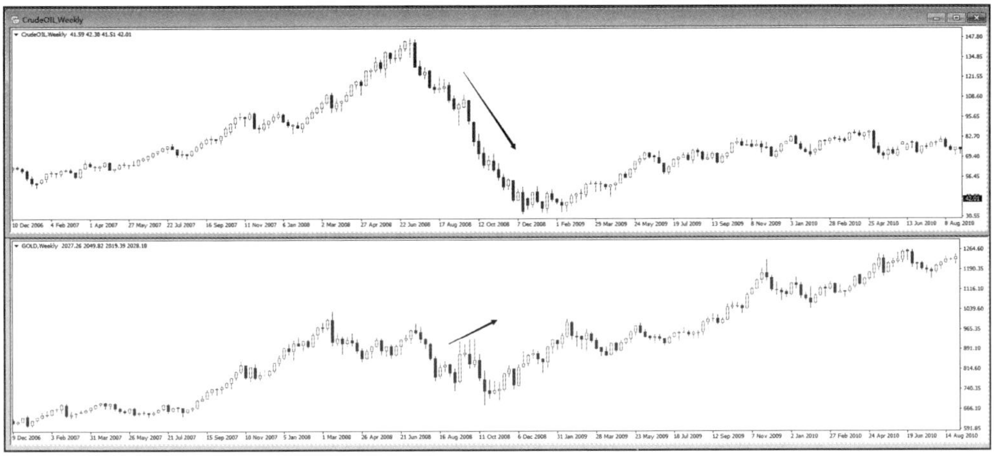

图2-21

（3）黄金避险属性减弱。2016年下半年，美国总统特朗普上台后，采取激进的财政政策，扩大基础设施建设并推出税改等一系列政策措施，导致大宗商品价格全面反扑，油价也从中获益，震荡上涨。但是市场对于特朗普的执政能力表示担忧，导致避险情绪升级，资金迅速进入美元市场，美元飙升至103.82，创5年新高，成了避险之王，避险属性超过黄金，黄金因此遭到疯狂抛售，不到2个月就暴跌200多美元。

（4）货币贬值，原油需求不足。2008年全球金融危机爆发后，各国实体经济受到严重影响，美国、欧盟、日本等均出现经济衰退。在经济下滑过程中，原油需求严重不足，尽管OPEC持续大幅减产，都未能阻止原油价格持续下跌。各国央行为了刺激经济，纷纷采取宽松的货币政策，向市场投入大量流动性，造成货币大幅贬值。为了规避金融危机带来的损失，同时抵抗货币贬值，黄金受到大肆追捧，导致黄金价格持续飙升。

2.4.3　亲兄弟：白银

历史上，在相当长的一段时期内，金银共同以货币形式存在。时至今日，两者之间价格相关系数仍高达90%。不过，由于黄金金融属性强于商品属性，而白银商品属性强于金融属性，两者价格走势在不同的阶段会出现一些差异。但长期来看，两者之间会维持一个均衡的比值，当比值偏离过大时，有回归的趋势。

金银比表示一盎司黄金可以购买的白银数量，其比值总体运行在较大的区间(14,101)之内，平均值为53.34倍，核心区域为40～80倍之间。在过去几十年，该比率的均值为60附近，一般高于或接近80说明白银价值被低估。金银比反映的是贵金属单边行情的涨跌节奏，金银比趋势性上涨往往意味着贵金属价格步入熊市；若金银比倾向继续上扬，贵金属往往会保持窄幅振荡；若金银比回落，通常预示贵金属形成单边趋势性上涨行情，此时白银涨幅往往超过黄金。

白银“伴生金属”为主的生产方式，较大规模的工业需求占比，市场占有率小等因素，共同决定了其较黄金具有更大的价格波动率。其在价格上涨和下降区间多呈现“正向反馈”，进一步“助涨杀跌”。

历史上金银比主要经历了三大阶段。

（1）1950—1967年，布雷顿森林体系时期，黄金与美元按照固定比例兑换，金银比波动较为缓和。

（2）1967—1979年，美国亨特兄弟操纵白银案，前后历时约10年时间，白银价格呈指数级直线暴涨。

（3）1980年至今，金银比主要在40～80之间波动运行，体现出高波动率特征。

从1914—1918年第一次世界大战期间及1939—1945年第二次世界大战期间的金银比走势（见图2-22）可以得出结论，信用货币体系面临坍塌风险时，白银的实物货币属性显著增强，当战争爆发时，白银价格显现出比黄金价格更显著的上涨态势，金银比会快速回落。

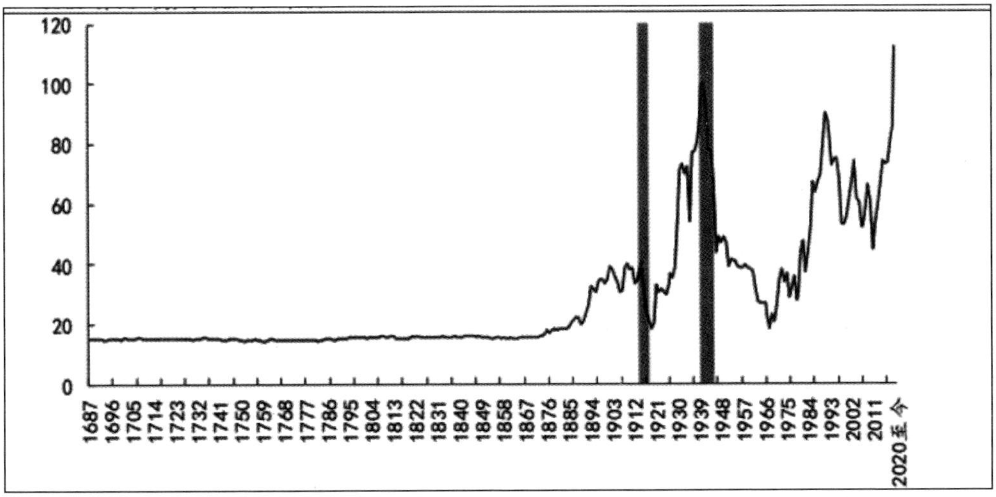

图2-22

从历史上7次经济萧条期间的情况看，金银比多呈现快速抬升趋势。由于白银的用途主要是工业需求，经济衰退会导致需求迅速回落，这样会导致银价重挫，而黄金价格却在经济衰退中受到避险需求支撑，因此导致金银比快速上升。历史大萧条时期金银比如图2-23所示。

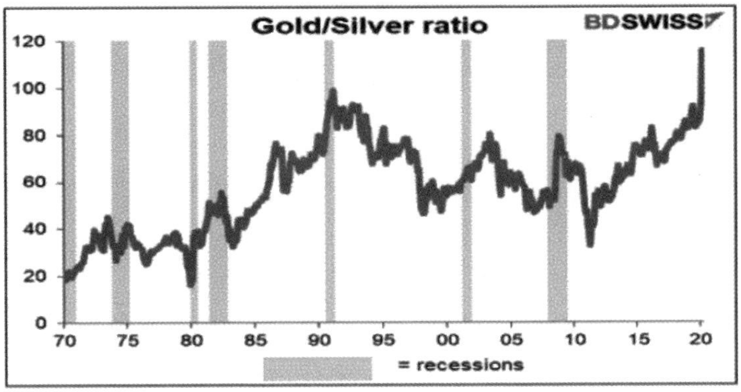

图2-23

综上所述，每当金银比大幅飙升，尤其是突破80的时候，一般伴随着恐慌指数的上升，预示可能会有重大经济危机到来。2020年6月以来，金银比触及27年来最高水平88.4附近（见图2-24），这一比率显示已经出现过度扩张的迹象，恐慌指数持续上升，黄金白银也是继续一路暴涨，金价大幅突破2 000美元/盎司。事实上，近期欧美经济持续低迷，新冠疫情二次反弹，也使得全球主要经济体积重难返，给黄金提供了大幅暴涨的动力。

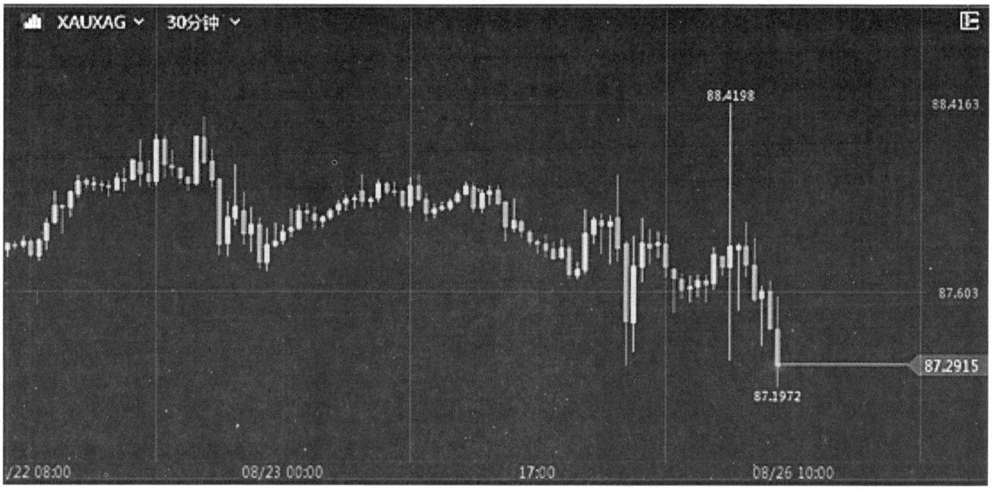

图2-24

金银比站上80之后，经济可能会出现危机，此时应介入多单。

2.4.4 仇家：股市

黄金市场和股票市场是世界金融市场体系的重要组成部分。一般来说，股票市场主要满足投资者的投资需求，而黄金市场主要满足投资者资产保值的需求。

国际黄金市场的发展历史表明，在正常情况下，黄金与股市大多时候是逆向运行的，股市行情大幅上扬时，黄金价格往往是下跌的，反之亦然。

股市是一国经济的“晴雨表”，一方面，股市好坏直接影响着风险资产的收益率，黄金作为不生息的资产，当股市高涨的时候，持有黄金的成本增加，黄金势必会遭到抛售，反之亦然。另一方面，黄金作为避险工具，经济危机来临时，股市风险资产就会遭到抛售，转而追捧作为保值和安全资产的黄金。从这两个方面看，股市和黄金就是跷跷板，属于天生的“仇家”。

图2-25为道琼斯工业指数和国际黄金周线级别K线图，行情时间跨度为2012年1月22日到2019年6月2日。道琼斯工业指数自2012年刷新历史高点后，吸引了大量资金进入股市，之后继续不断刷新历史高点。同期金价却结束了近10年的牛市，进入了下跌周期。

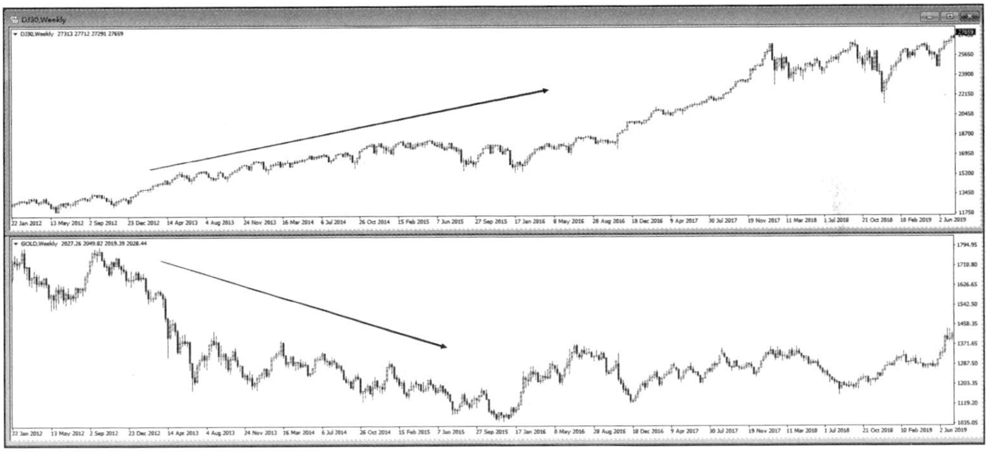

图2-25

但是有两种例外的情况。

（1）当经济危机步入复苏阶段，由于经济体的扩张性经济政策会增强投资者的信心，导致大量资金流动，追逐风险投资，致使股市持续走强，但是人们的避险情绪还在，且扩张性货币政策导致通胀预期升温，也会刺激资金追捧抗通胀属性的黄金，所以这个经济周期会导致股市和黄金同涨同跌。

图2-26为道琼斯工业指数和国际黄金日线级别K线图，行情时间跨度为2019年12月29日到2020年8月10日。新冠疫情导致全球经济疲软，美联储实施史无前例的宽松货币政策，刺激经济复苏，经济复苏预期和通胀上升预期共同导致黄金价格和股市一同上扬。

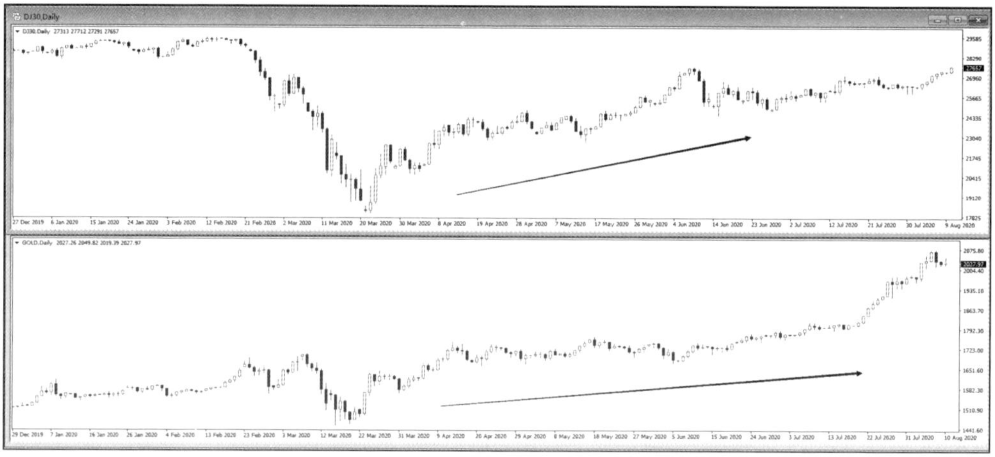

图2-26

（2）在极度恐慌下，现金为王，市场抛售一切资产，会导致黄金价格和股市一起下跌。

图2-27为道琼斯工业指数和国际黄金日线级别K线图，行情时间跨度仍然是2019年12月29日到2020年8月10日。2020年3月，由于新冠疫情的爆发，资金流动性紧缺，股市和黄金全部遭到抛售，就出现了黄金价格和股市全线暴跌的情况。

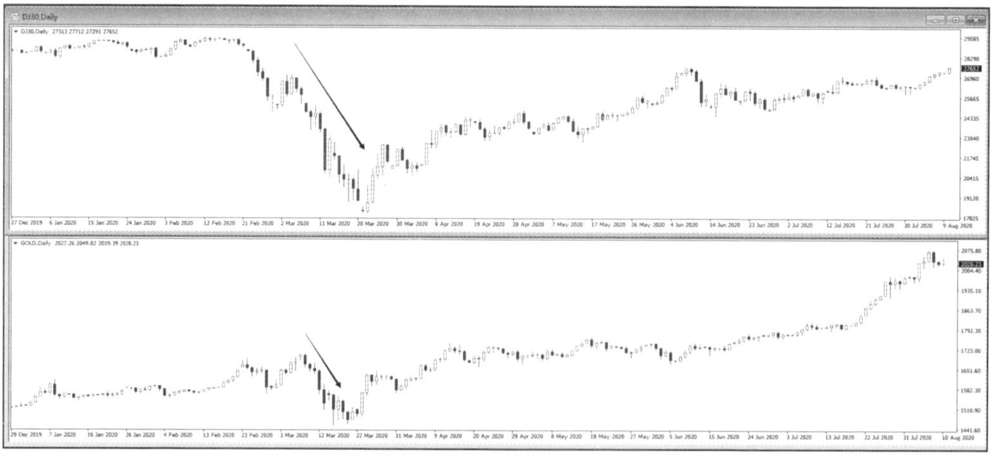

图2-27

2.5　供需状况

供需因素是影响一般商品价格的本质因素，黄金作为特殊商品，影响其价格的供需因素主要有以下三个方面。

2.5.1　实物生产与消费

由于黄金存量和开采成本影响，一般黄金供给的速度趋于一个相对稳定的状态，黄金的年供求量约为4 200吨，每年新产出的黄金占年供应量的62%。但是主要黄金生产地出现政治、军事动荡，无疑会影响该地黄金的供应量，进而影响世界黄金供给。

2020年5月，南非矿业委员会（Minerals Council）首席执行长在一次视频会议中称，受新冠疫情影响，南非2020年的矿产量可能下降8%～10%。南非是黄金主要生产地之一。在2020年3月底开始实施抗疫封锁后，南非各地的矿山被迫暂时关闭。自5月1日起，南非露天煤矿已被允许再次满负荷生产，而较难进行开采的深层煤矿被限制为50%的开采量。其他黄金生产地也不同程度地受到疫情冲击，导致黄金供给减少。

黄金实物需求对短期金价往往有一定的影响，像中国的春节等实物需求旺季，都会对短期金价形成支撑。2003—2013年春节前一周，现货黄金和现货白银的涨跌情况如表2-1所示，从中可以看出，有几个年份春节前一周的黄金价格在短期内都出现了大幅上涨。不过从中期而言，黄金的价格变化并不是取决于黄金的实物需求，实物需求只是次要因素。

表2-1

年份	国际现货黄金价格变化（美元）	国际现货黄金涨跌幅	国际现货白银价格变化（美元）	国际现货白银涨跌幅
2003	-0.15	-0.04%	-0.04	-0.82%
2004	-8.6	-2.05%	-0.15	-2.37%
2005	-8.3	-1.97%	-0.17	-2.54%
2006	5.7	1.03%	0.7	7.90%
2007	5.6	0.87%	0.32	2.44%
2008	-36.65	-3.97%	-0.36	-2.16%
2009	56.55	6.72%	0.71	6.33%
2010	27.39	2.57%	0.25	1.66%
2011	6.6	0.50%	1.64	6.11%
2012	27.68	1.69%	2.46	8.28%
2013	0.79	0.05%	-0.38	-1.20%

2.5.2 投机

由于黄金具有金融属性，黄金市场在全球范围内拥有庞大的交易量，其投机交易对黄金价格的影响远远超过实物交易。投机者根据国际、国内形势，利用黄金市场的价格波动，加上黄金期货市场的杠杆交易体制，大量“沽空”或“补进”黄金，极易造成黄金价格的大幅波动。

在黄金市场上，几乎每次大的价格下跌，都与对冲基金公司借入短期黄金在即期黄金市场抛售和在COMEX黄金期货交易所构筑大量的空仓有关。据世界黄金协会数据显示，截至2020年7月末，全球黄金ETF产品连续8个月出现净流入，当月总持仓增长166吨，全球黄金ETF总持仓达3 785吨，再创新高。同时，7月末金价走高，导致全球黄金ETF的总资产管理规模升至2 390亿美元。2020年前7个月，全球黄金ETF总流入约491亿美元，远高于此前创下的年度流入纪录。在金价突破2 000美元/盎司的8月初，ETF净持仓845.42吨，全球黄金ETF的规模增长趋势仍在继续，如图2-28所示。

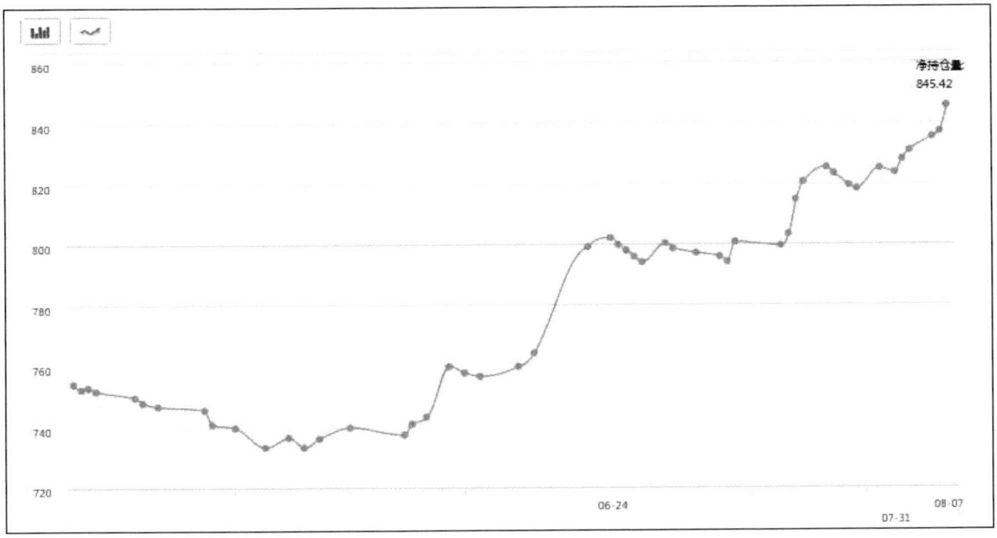

图2-28

2.5.3 央行储备

黄金储备一向被央行用作防范国内通胀、调节市场的重要手段。在经济不景气的时候，由于黄金相较于货币资产更为保值，使得黄金的需求上升，金价上涨。由于新冠疫情对经济造成冲击，导致市场避险情绪升温，各大央行纷纷增持黄金，2020年第一季度全球央行购买黄金数量大涨，净购买上涨42%，达116.5吨，达到了2014年以来第一季度最高水平。俄罗斯、土耳其和哈萨克斯坦位列前三，上述三国占第一季度全球黄金净购买量近一半，这也促使金价呈现急剧上涨态势。

截至2020年3月，全球官方黄金储备共计34 859.3吨。其中，欧元区（包括欧洲央行）共计10 776.1吨，占其外汇总储备的58.7%。

2.6 经济数据

2.6.1 七大数据

经济数据通常对黄金市场具有短期的冲击力，一些重要的数据，会成为当天各关联市场的重磅炸弹，将走势搅得天翻地覆，有的甚至改变市场的运行趋势。

美国是世界上的超级经济强国，美国经济数据对于任何一种金融产品的价格都会产生影响。黄金以美元计价，对于黄金价格来说，美国经济数据是影响黄金价格变动的头等因素。美国经济数据主要有以下七种。

1. 美联储利率决定

利率是指一定时期内利息额与借贷资金额即本金的比率。利率是决定企业获得资金成本高低的主要因素，同时也是企业筹资、投资的决定性因素。研究金融环境必须注意利率现状及其变动趋势，美国利率由美国联邦储备委员会管理。

美联储利率决定由美联储召开为期两天的议息会议讨论决定，会议商讨后于北京时间周四（夏令时4月—10月02:00/冬令时11月—3月03:00发布）公布，一般一年召开8次。在利率决定公布半小时后，美联储主席会召开新闻发布会，20天后公布会议纪要。该数据是美联储调控宏观经济的重要工具之一。

该数据决定的是美国的利率水平，对市场具有“牵一发而动全身”的巨大影响，利率水平的变动会改变融资成本，进一步改变经济体货币量的供给和需求。货币供需发生变化，会导致美元汇率改变，从而影响黄金价格的涨跌。因为利率变化具有中长期效应，所以对美国经济、美元价格都具有深远的影响，对于黄金价格也具有中长期影响，甚至很多时候能直接改变黄金价格的中长期走势，是影响黄金价格最为重要的经济数据之一。

利率是重要的基本经济因素之一。利率是经济学中一个重要的金融变量，几乎所有的金融现象、金融资产均与利率有着或多或少的联系。利率是车，汇率是马，在二者的作用下，可以实现通胀预期的良性调整。现代经济中，利率作为资金的价格，是货币政策的三大工具之一，不仅受到经济社会中许多因素的制约，而且利率变动会对整个经济产生重大影响。当美联储提高利率时，一方面，在国内市场，利率提高会刺激储蓄增加，导致经济体流通的美元减少，实际流通货币量减少又将压低通胀；另一方面，借贷成本增加，会导致投资需求减少。二者共同作用会抑制通货膨胀，而通胀下降又会导致黄金价格下跌。反之亦然，当美联储降低利率时，会导致黄金价格上涨。

利率水平对外汇汇率有着非常重要的影响，是影响汇率最重要的因素。汇率是两个国家货币之间的相对价格水平，和其他商品的定价机制一样，它由外汇市场上的供求关系决定。外汇是一种金融资产，能带来资本收益。某种货币利率上升，则持有该种货币的利息收益将增加，就会吸引投资者买入该种货币，导致外汇市场对该货币的需求增加；如果利率下降，持有该种货币的收益便会减少，该种货币的吸引力也就减弱，导致外汇市场对该货币的需求降低。可以说“利率升，货币强；利率跌，货币弱”。美元供应减少且利率上升，持有美元的收益率会增加，同时增加外汇市场对美元的需求，因此会刺激美元在外汇市场的汇率水平上升，美元升值，打压以美元计价的黄金。

美联储降息（公布值小于预期值），利空美元，利多黄金

美联储加息（公布值大于预期值），利多美元，利空黄金

2020年历次美联储利率决定和对应的黄金波动情况如表2-2所示，历次

美联储利率决定，都引发了黄金价格短期的剧烈波动，所以该数据值得大家重点关注并及时布局。

表2-2

时间	数值/（前值，预期值，公布值）	利多/利空	波动情况
1月30日03:00	1.75%，1.75%，1.75%	影响较小	下跌，振幅15美元
3月19日02:00	取消	取消	取消
4月30日02:00	0.25%，0.25%，0.25%	影响较小	先跌后涨，振幅17美元
6月11日02:00	0.25%，0.25%，0.25%	影响较小	先跌后涨，振幅30美元
7月30日02:00	0.25%，0.25%，0.25%	影响较小	先跌后涨，振幅26美元

图2-29为国际黄金5分钟级别K线图，图中行情时间跨度为2020年7月29日到2020年7月30日。图中为2020年7月美联储利率决定公布前后的黄金价格行情走势，金价受到美联储利率决定的影响，直线上下剧烈波动。

图2-29

重点要提的是利率决议公布半小时后，美联储主席会召开新闻发布会，新闻发布会中美联储主席的演讲证词，才是市场核心关注点所在。正常情况下，利率决定都能被市场准确预期，所以大部分利率决定都被市场提前消化完了。市场把关注重点放在美联储主席的证词上，可以捕捉后续的货币政策动向以及美联储对经济的看法，如果证词给市场传递了未能预期的信息，那么很可能会引起黄金更加剧烈的波动。

美联储主席证词偏鸽派，利空美元，利多黄金

美联储主席证词偏鹰派，利多美元，利空黄金

图2-30为国际黄金5分钟级别K线图，行情时间跨度为2020年6月10日到2020年6月11日。

图2-30

图2-30为2020年6月美联储主席新闻发布会前后的黄金价格行情走势，虽然美联储决定维持利率0～0.25%不变，符合市场预期，但是，美联储点阵图显示维持低利率直至2022年底，这超出了市场预期。在新闻发布会上，美联储仍然强调新冠疫情风险，措辞略偏鸽派，货币政策倾向比市场预期的更加宽松，因此在一定程度上给美元带来压力。在利率决议公布后，金价探底回升，自日内低点大涨15美元，美元指数大跌50点。

在美联储利率决议公布20天后，凌晨2点会公布美联储会议纪要。会议纪要一般只是简单公布会议记录的内容，对市场影响不如美联储利率决定和美联

储主席新闻发布会重要，不过一般也会对黄金短线走势产生一些影响。

美联储会议纪要偏鸽派，利空美元，利多黄金

美联储会议纪要偏鹰派，利多美元，利空黄金

2020年历次美联储会议纪要和对应的黄金波动情况如表2-3所示。历次美联储会议纪要都对黄金价格短期波动造成了一定的冲击，该数据事件也可以作为短期关注点。

表2-3

时间	数值/（前值，预期值，公布值）	利多/利空	波动情况
2月20日03:00	无	无	先跌后涨，振幅7美元
4月9日02:00	无	无	先涨后跌，振幅10美元
5月21日02:00	无	无	上涨，振幅7美元
7月2日02:00	无	无	先涨后跌，振幅6美元

图2-31为国际黄金5分钟级别K线图，行情时间跨度为2020年5月20日到2020年5月21日。从图中可以看出，当美联储会议纪要公布后，黄金价格迅速冲高。

图2-31

2. 美国非农数据

在经济数据的海洋中，有一组数据对金融市场影响巨大。有些时候，当该数据公布时，会像火山喷发般震动全球金融市场，该数据是对黄金市场走势影响巨大的经济数据之一，这就是美国非农数据（Non-farm Payrolls，NFP）。美国非农数据又称就业形势报告、非农就业报告等，是反映美国非农业人口就业状况的数据指标。

美国非农数据是每月第一个周五（北京时间夏令时4月—10月的20:30，冬令时11月—3月的21:30）发布，数据来源于美国劳工部劳动统计局。美国劳工部劳动统计局通常会公布一组数据，其中最重要的是季调后的非农就业人口，失业率也是不可忽视的一个重要项目，如图2-32所示。

20:30		美国7月失业率	★★★★★	11.10%	10.50%	10.2%	利空 金银 原油
		美国7月季调后非农就业人口(万人)	★★★★★	479.1	160	176.3	利空 金银 原油
		美国7月U6失业率	★★☆☆☆	18.00%	---	16.5%	利空 金银 原油
		美国7月季调后制造业就业人口(万人)	★★☆☆☆	35.7	25.3	2.6	利多 金银 原油
		美国7月就业参与率	★★☆☆☆	61.50%	61.8%	61.4%	利多 金银 原油
		美国7月平均每周工时	★★☆☆☆	34.6	34.4	34.5	利空 金银 原油
		美国7月平均每小时工资年率	★★☆☆☆	5.00%	4.1%	4.8%	利空 金银 原油
		美国7月平均每小时工资月率	★★☆☆☆	-1.3%	-0.50%	0.2%	利空 金银 原油
		美国7月私人非农就业人数(万人)	★★☆☆☆	473.7	147.4	146.2	利多 金银 原油

图2-32

当经济发展较快时，消费自然随之增加，消费性以及服务性行业的岗位就会增多。消费增加能促进投资增加，投资和消费增长会扩大对货币的需求，进而提升利率。更高的利率能够吸引资金流入，进而提高美元价值，从而使得汇率上升，反之亦然。因此，该数据是观察美国社会经济、金融发展程度和状况的一项重要指标。由于非农数据每月公布一次，且具有相当科学的统计调查口径，能及时客观地反映美国经济的兴衰，美联储可及时根据该指标调整货币政策，所以该数据的重要程度不言而喻。

外汇市场特别重视的是随季节性调整的每月非农就业人口变化情况，该数据是外汇市场每月重点关注的经济数据之一。该数据的发布有可能成为确认外汇市场方向的一个转折点，也有可能给外汇市场带来剧烈的波动。美元与黄金价格具有高度相关性，所以该数据对黄金价格走势也有重要影响。

2020年历次非农数据和对应的黄金价格波动情况如表2-4所示，历次非农数据都对黄金行情产生巨大的影响，是黄金短线投资者必须关注的重磅数据之一。

表2-4

时间	数值/（前值，预期值，公布值）	利多/利空	波动情况
1月10日21:30	25.6，16.4，14.5	利多	先涨后跌，振幅10美元
2月7日21:30	14.7，16，22.5	利空	先跌后涨，振幅14美元
3月6日21:30	27.3，17.5，27.3	利空	先涨后跌，振幅46美元
4月3日20:30	27.5，–10，–70.1	利多	先涨后跌，振幅15美元
5月8日20:30	–87，–2200，–2050	利空	先跌后涨，振幅12美元
6月5日20:30	–2068.7，–800，250.9	利空	下跌，振幅30美元
7月2日20:30	269.9，300，480	利空	先涨后跌，振幅13美元
8月7日20:30	479.1，160，176.3	利空	先跌后涨，振幅22美元

非农数据可以极大地影响货币市场的美元价值。一份生机勃勃的就业形势报告能够驱动利率上升，使得美元对外国的投资者更有吸引力。非农就业人数能反映出制造行业和服务行业的发展及其增长，数值减少代表企业缩小规模，降低生产，经济增长放缓，资金会撤离美元，利空美元，利好黄金；数值增加代表企业扩大规模，增加生产，经济增长加快，资金会追捧美元，

利好美元，利空黄金。

新增就业人口增加（公布值大于预期值），利多美元，利空黄金

新增就业人口减少（公布值小于预期值），利空美元，利多黄金

图2-33为国际黄金5分钟级别K线图，行情时间跨度为2020年8月7日到2020年8月9日。图中为2020年8月美国非农数据公布时的黄金价格行情走势，受非农数据的刺激，金价波动迅速放大，上蹿下跳。

图2-33

3. ADP数据

ADP（Automatic Data Processing）是美国自动数据处理公司的缩写，美国ADP就业数据是由美国自动数据处理公司公布的美国私营部门的就业数据，一般在美国非农数据公布前两天即周三晚上公布（夏令时为北京时间20点15分，冬令时为北京时间21点15分）。

ADP是一个庞大的机构，全球每个城市都有调查人员。该报告采集约50万家匿名美国企业，占总体经济活动的大部分，所以该数据较准确地反应了美国的就业情况，是消费者支出的领先指标。ADP调查仅包括私营部门的就业数据，不包括政府部门就业，属于非官方调查数据，而非农就业是官方数

据，所以ADP被市场称为“小非农”，是对美国非农就业人口的提前预测，对黄金、白银、外汇等市场影响巨大，很多投资者以此作为交易依据。

如果ADP就业人数高，则说明经济发展状况良好，对美元指数是利好消息，利空黄金。反之，则利空美元，利多黄金。

如果就业形势强劲，则能促进公司盈利，实现经济增长，进一步使得经济体对资金的需求增加，在资本市场推动利率上升，利率上升又利好美元，打压黄金。如果就业形势疲弱，则公司经营状况转差，削弱经济增长，进一步导致经济体对资金的需求减少，在资本市场压低利率，利率下降又会压制美元，利多黄金。

新增就业人口增加（公布值大于预期值），利多美元，利空黄金

新增就业人口减少（公布值小于预期值），利空美元，利多黄金

小非农和大非农呈高度正相关关系。小非农对大非农有预测作用，一般情况下，小非农和大非农数据相差不会很大。如果小非农表现良好，基本上可以确定大非农也会表现强劲，反之亦然。

图2-34为2001年到2013年美国ADP就业人数和非农就业人口数据对比。从图中可以看出，小非农和大非农呈高度正相关关系。

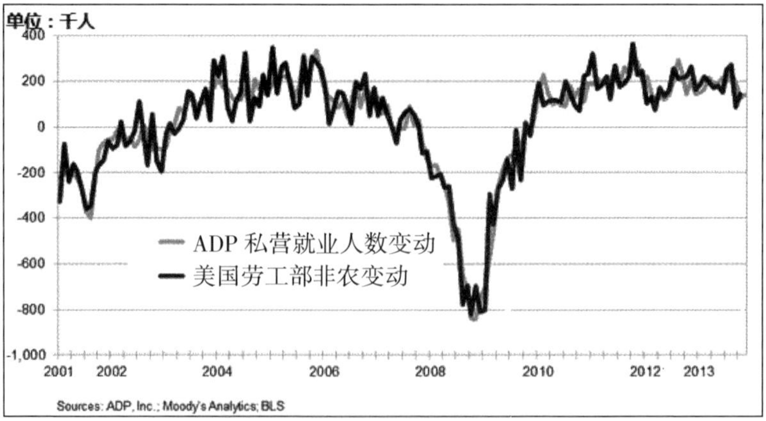

图2-34

若ADP就业数据表现靓丽，投资者对周五非农就业数据的乐观预期将会提振美元，打压黄金；反之，若ADP就业数据表现很糟糕，投资者对周五非农就业数据预期将会悲观，打压美元，支撑黄金。可以说小非农是大非农的一次预演。

图2-35为美国2020年6月公布的一组小非农就业数据，图2-36为同时期的大非农就业数据。从图中可以看出，大非农和小非农数据一致表现较好，利空黄金。

	美国5月ADP就业人数(万人)	★★★★☆	-1955.7	-900	-276	利空 金银 原油

图2-35

美国5月失业率	★★★★★	14.70%	19.8%	13.3%	利空 金银 原油
美国5月季调后非农就业人口(万人)	★★★★★	-2068.7	-800	250.9	利空 金银 原油

图2-36

图2-37为国际黄金5分钟级别K线图，行情时间跨度为2020年6月3日到2020年6月8日。从图中可以看出，2020年6月大小非农数据公布时的黄金价格行情走势，由于小非农数据利空影响，黄金价格承压下跌。之后公布的大

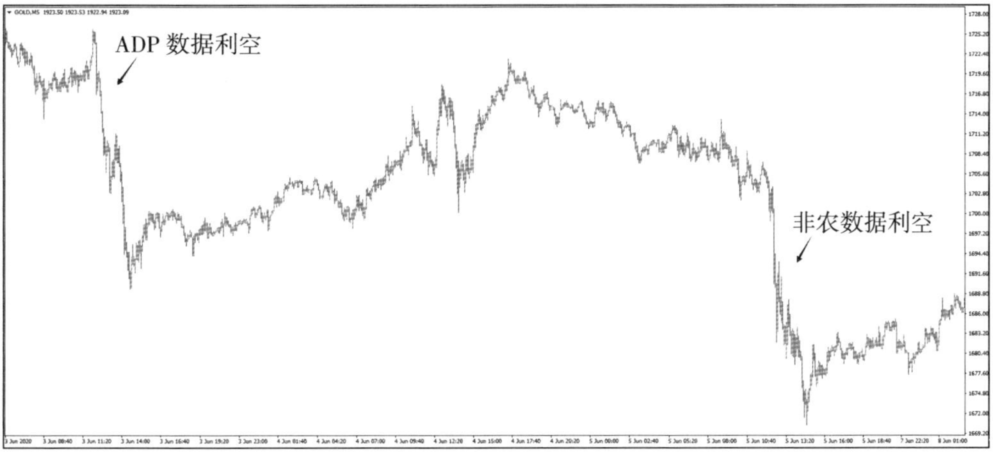

图2-37

非农数据再次利空，导致黄金价格继续下跌，创出新低。

由于小非农与大非农呈高度正相关关系，因此小非农数据利空黄金，预期大非农数据也会利空黄金。操作上，公布的小非农数据显示利空后，在大非农数据公布前，要以反弹后做空为主。因为在大非农数据公布之前，市场会有一个预期，即大非农数据表现很好，利空黄金。如果如期发布的大非农数据果真利空黄金，有可能导致黄金价格继续下跌，交易者的空头头寸也会因此放大获利。就算是大非农数据公布后黄金价格没有继续下跌，但是在大非农数据公布之前的一段时间，由于市场预期作用，黄金价格还是易跌难涨的，毕竟大家都知道金融市场的核心是靠预期推动价格发展，所以做空获利是大概率事件。

4. 美国当周初请失业金

初请失业金人数由美国劳工部每周四（北京时间夏令时4月—10月的20:30，冬令时11月—3月的21:30）公布。初请失业金人数反映的是美国各州失业救助机构前排队申领失业保险金人数的多少，首次申领或持续申领的人数也同样重要。该报告不是按测算的劳动力总量计算正在工作的人的百分比数，它是统计正在排队等候领取失业保险金的人数。该数据是对在当周首次进行失业救济申请的人数进行季度调整的衡量，这个指标同样是市场上引人瞩目的经济指标之一。

初请失业金人数增加反映被解雇的人数增加或寻找新工作的难度增大。又因为就业状况预示未来经济发展的动力，所以初请失业金人数是一个判断经济好坏的先行指标。

如果初请失业金人数增加，暗示上周有不少美国人丢掉工作。初请失业金人数持续增加，则进一步说明失业人数大幅增加，并且找到工作变得更加困难。由于失业人数大幅增加，美国政府的财政压力也会随之增加。

（1）美国是一个完全消费型的社会，消费意愿是经济发展的最大动力。如果每周因失业而申请失业保险金的人数增加，会严重抑制消费信心。

（2）初请失业金人数增加，暗示失业率增加，就业人口减少，产出减少，企业会缩减投资，经济处于下行状态。

（3）初请失业金人数增加，会加重财政负担，预示政府会采取宽松的货币政策以刺激经济。

消费投资减少以及经济刺激政策加码会压低资本市场利率，利率降低进而会使得美元贬值，利多黄金。反之，如果初请失业金人数减少，说明劳动力市场改善，人们对经济增长的前景乐观，消费信心增加，利多美元，利空黄金。

初请失业金人口增加（公布值大于预期值），利空美元，利多黄金

初请失业金人口减少（公布值小于预期值），利多美元，利空黄金

图2-38为国际黄金5分钟级别K线图，行情时间跨度为2020年8月5日到2020年8月6日。从图中可知，2020年8月6日当周初请失业金人数公布后，黄金价格急剧波动，快速跳水。

图2-38

该数据是反映劳动力市场状况的第二指标，反映劳动力市场状况的第一指标就是前面介绍的非农数据。由于初请失业金数据是每周公布，周期较短，所以能更及时地反映就业市场的变动情况，是投资市场短期关注的焦点。值得注意的是，很多人将这两个数据搞混，误把当周初请失业金数据当作非农数据。

5. GDP数据

国内生产总值（Gross Domestic Product，GDP）是按照市场价计算的在一定时期内一个国家或地区的所有常住单位在经济中生产出的全部最终产品和提供劳务的市场价值的总和。GDP不但可以反映一个国家或地区的经济表现，还可以反映一个国家或地区的实力和财富，同时也是预测一个国家或地区经济总体走势的“晴雨表”，因此被称为“指标之王”。

如果美国GDP大幅增长，则反映出该国经济发展动力十足，国民收入增加。一方面作为消费型国家，美国的消费能力也随之增强，会促进投资需求上涨，引发利率上升，而利率上升又会增加美元的吸引力，促进美元升值。另一方面，GDP增长预示经济正在走上坡路，国内企业赚钱效应增强，那么对于海外的投资者来说，投资美国股市以及实业会带来更大的回报，因此，在外汇市场，美元需求会猛增，进而导致美元汇率水平上升。两方面整体会刺激美元大幅升值，进而打压黄金。反之，会导致美元下跌，推动黄金价格上涨。

GDP数据虽然没有美联储利率决定和非农数据对市场的影响那么大，但是该数据的重要程度也不容小觑，足以让黄金市场短期行情出现明显动荡。

GDP数值增加（公布值大于预期值），利多美元，利空黄金

GDP数值减少（公布值小于预期值），利空美元，利多黄金

图2-39为国际黄金5分钟级别K线图，行情走势为2020年7月30日的一段时间。2020年7月30日，美国商务部公布的国内生产总值（GDP）首次预估数据显示，受新冠肺炎疫情重创，今年第二季度美国国内生产总值（GDP）按年率计算下滑32.9%，但是好于预期的-34.5%，因此该数据利多美元，打压黄金。数据公布后，引起黄金价格短期急剧下挫。

图2-39

6. 通胀数据

通货膨胀简称“通胀”，是指在信用货币制度下，信用货币过度发行，导致流通中的货币数量超过经济实际需要而引起的货币价值降低和物价水平全面且持续的上涨。即当市场上货币流通量增加的时候，人们手中的货币增加，现实购买力大于产出供给，导致物价上涨，造成通货膨胀。

注意，这里讲的通胀引起货币价值降低与我们常讲的美元贬值不同，通货膨胀是特定经济体内的货币价值的下降，而美元贬值是货币在经济体间相对价值的降低，是指汇率下降。前者影响货币在使用国内的价值，而后者影响货币在国际市场上的价值。但是二者也有联系，如果一国发生通货膨胀，那么国内市场货币需求降低，货币供给增加，将抑制经济发展，导致净资本流出，削弱该国货币在外汇市场的吸引力，进而使得汇率水平下降。

通胀对黄金价格的影响是一个长期指标，长期通货膨胀走高会支撑黄金价格上扬，反之下跌。短期来说，尤其是在经济复苏时期，通胀数据走高，说明经济复苏势头强劲，利多美元，利空黄金，反之利空美元，利多黄金。衡量美国通胀水平有以下三个主要数据，分别为CPI、PPI和核心PCE物价指数。

（1）CPI（Consumer Price Index，居民消费价格指数）。

CPI是一个反映居民家庭一般购买的消费品和服务项目价格水平变动情况的宏观经济指标。它是一段时期内衡量一组代表性消费商品及服务项目的价格水平随时间变动的相对数，用来反映居民家庭购买消费商品及服务的价格水平变动情况，是衡量一个国家或地区通货膨胀水平的重要指标。

居民消费价格统计调查的对象是社会产品和服务项目的最终价格，一方面，它与人民群众的生活密切相关，另一方面，在整个国民经济价格体系中也具有重要的地位。它是进行经济分析和决策、价格总水平监测和调控及国民经济核算的重要指标。

由于消费者物价指数决定消费者花费多少钱来购买商品和服务，左右着商业经营的成本，所以其变动率在一定程度上反映了通货膨胀或紧缩的程度。美联储的目标之一就是稳定物价，所以消费者物价指数的变动直接影响美联储的货币政策。美联储通常会参考CPI的变动情况来调整货币政策，以实现对经济的宏观调控，因此CPI变动情况在一定程度上会影响美元汇率的短期走势，进而对黄金短期价格产生一定的影响。

美国经济处于复苏阶段时，CPI数据上升，表明消费增加，消费增加会刺激投资，进而带动就业，带动GDP增长，经济增长会增加对美元的需求，因而在短期利多美元，利空黄金；反之，在短期利空美元，利多黄金。

CPI增加（公布值大于预期值），利多美元，利空黄金

CPI减少（公布值小于预期值），利空美元，利多黄金

图2-40为国际黄金5分钟级别K线图，行情走势为2020年5月12日的一段时间。2020年5月12日，美国公布7月季调后CPI月率的时候，引起了黄金价格急剧波动，金价自低位上涨了12美元，所以该数据对金价的影响也是值得关注的。

图2-40

（2）PPI（Producer Price Index，生产价格指数）。

PPI是衡量工业企业产品出厂价格变动趋势和变动程度的指数，是反映某一段时期生产领域价格变动情况的重要经济指标。与CPI不同，PPI主要的目的是衡量生产者在生产过程中所需采购品的物价状况，因而这项指数包括了原料、半成品和最终产品等（美国约采用3 000种物资）三个生产阶段的物价指数，通过调查记录各环节对应物资的价格变化情况，经过复杂的计算形成最终数据。PPI反映的是制造商和批发商在生产的不同阶段为商品支付

的价格情况。

生产过程中面临的物价波动，将反映至最终产品的价格上，因此观察PPI的变动情况，将有助于预测未来物价的变化情况。由于企业最终要把它们的费用以更高的消费价格的形式传递到零售业，最终转移给消费者，所以，通常认为生产物价指数的变动对预测消费物价指数变动是有用的，是消费者物价指数的先声。

与CPI一样，PPI通常也作为观察通货膨胀水平的重要指标。若PPI上升，表明企业生产环节物价普遍上涨，企业会提升产品的出厂价，从而导致最终商品的销售价格上涨，进而引起CPI上升；反之，PPI下降，会引起CPI下降。基于此，美联储有理由根据PPI的变动来预测CPI的变化，进一步制定经济政策以调控和保证经济良性发展。PPI上升说明企业生产活动增加，企业需要扩大规模，就业会增加，经济动力增强，从而在短期利多美元，利空黄金；反之，PPI下降，在短期利空美元，利多黄金。

PPI增加（公布值大于预期值），利多美元，利空黄金

PPI减少（公布值小于预期值），利空美元，利多黄金

图2-41为国际黄金5分钟级别K线图，行情时间跨度为2020年8月11日到2020年8月12日。2020年8月11日，美国公布7月PPI月率的时候，带动黄金价格加速下跌，短短半小时之内跌近40美元，该数据对金价的影响可见一斑。

（3）核心PCE（Personal Consumption Expenditures，个人消费支出）物价指数。

PCE包括个人购买商品和劳务两方面支出，它是统计家庭对耐用商品（汽车、家具等）、非耐用商品（食品、饮料、衣鞋、能源等）和服务（住房、水电、医疗、交通、娱乐等）的消费情况，是衡量居民消费支出的重要指标。

图2-41

PCE是按最终产品法或支出法计算国民生产总值的一个组成部分，也就是国内消费者所获得的最终产品和劳务。个人消费支出大小取决于可支配收入的多少，反过来，消费支出又影响国民生产总值、国民收入以及可支配收入。增加个人消费支出，也会增加国民生产总值和国民收入。个人消费支出不仅仅取决于收入水平，还与个人拥有的实际财富有关，一般而言，实际财富多，消费支出也多。

PCE之所以优于CPI，主要是因为它更能反映现实，因为消费者的消费习惯会随着商品和服务价格的变化而变化。CPI追踪的是商品和服务的固定篮子指数，PCE提供的则是替代品。按照这一理论，如果一种商品或服务的价格过高，消费者就会选择另外一种商品或服务。

核心PCE物价指数，是指去除食物及能源后的个人消费支出指数，由于食物及能源价格一向受到季节及供需的影响，波动剧烈，所以核心PCE物价指数更能准确反映个人消费者支出的真实状况，所以也更能判断物价的真实走势。核心PCE物价指数是衡量美国民间消费通胀的关键指标，它由美国商务部经济分析局最先推出，并于2002年被美联储决策机构联邦公开市场委员会（FOMC）采纳为衡量通货膨胀的一个主要指标。

2012年1月，美联储将核心PCE物价指数年率涨幅2%定为长期通胀目标，从此宣告美联储也有了明确的通胀目标。如果核心PCE物价指数年率升幅超过2%，美联储会紧缩货币政策，利多美元，利空黄金；反之，利空美元，利多黄金。核心PCE物价指数是影响美联储长期货币政策的重要指标，所以这个数据是一个长期通胀指标，因此核心PCE物价指数可以在一定程度上长期影响黄金价格。如果核心PCE物价指数升破2%，那么美联储会开启加息周期，以遏制通货膨胀，那么就会利多美元，利空黄金；反之，如果核心PCE物价指数跌破2%，美联储倾向降息，刺激经济，利空美元，利多黄金。因此，在黄金投资中长期操作中，追踪核心PCE物价指数与阈值2%之间的关系至关重要，因为影响黄金价格涨跌的核心因素是通胀，所以核心PCE物价指数是影响黄金中长期价格的关键因素。短期PCE上升，预示消费增加，会刺激生产和投资，促进GDP增长，利多美元，利空黄金；反之，短期PCE下降，利空美元，利多黄金。

PCE增加（公布值大于预期值），利多美元，利空黄金

PCE减少（公布值小于预期值），利空美元，利多黄金

图2-42为国际黄金5分钟级别K线图，行情走势为2020年6月25日的一段时间。2020年6月25日，美国公布第一季度核心PCE物价指数年化季率终值的时候，引起了黄金价格急剧波动，金价自低位直线拉升11美元，所以该数据对金价的影响非常重要。

2020年，市场上存在围绕美联储将修改长期通胀目标的一系列猜测，需要重点关注。许多资深市场分析师和经济学家都预计，美联储会引入所谓的“平均通胀目标”，即承诺在通胀（短暂）高于2%时不会加息。一方面，如果承诺在通胀（短暂）高于2%时不会加息，那么低利率环境会支撑黄金价格

上涨；另一方面，对通胀目标的改革可以从侧面反映出美联储可能对通胀的调控能力减弱，引起避险情绪升温，有利于金价上涨。所以，如果美联储调整长期通胀目标，那么会被认为对黄金价格走势十分有利。

图2-42

7. 零售销售数据

零售销售数据（Retail Sales Data）是零售销售数额的统计汇总，每个月11日到16日公布，由美国人口普查局公布，包括所有主要从事零售业务的商店以现金或信用形式销售的商品价值总额。服务业发生的费用不包括在零售销售中。零售销售数据对于判定一国的经济现状和发展前景具有重要指示作用，因为零售销售能直接反映出消费者支出的增减变化，进而反映当月美国的经济活动状况。

零售销售数据也被市场称为“恐怖数据”，主要有以下几个方面的原因。

（1）人口普查局在统计零售销售数据的时候，调查的对象范围广，覆盖全美各地区各个行业，因而数据足以反映全美的零售销售增减情况。

（2）零售销售数据是反映消费者消费需求及能力的主要指标，基本能代表美国居民的消费变化。

（3）美国70%的GDP是靠消费拉动的，零售销售数据直接反映美国居民的消费增减变化。由于零售销售额是物价水平乘以物品数量，所以零售销售数据在一定程度上可以反映通胀水平，具有领先指标的意义。

（4）该数据公布的时候，往往能引起市场的巨大波动，甚至很多时候媲美非农数据。

如果零售销售数据增长，代表该国消费支出增加，经济情况好转，通胀预期升温，利多美元，利空黄金；反之，如果零售销售数据下降，则代表经济不景气，通胀预期下降，利空美元，利多黄金。

零售销售数据增加（公布值大于预期值），利多美元，利空黄金

零售销售数据减少（公布值小于预期值），利空美元，利多黄金

图2-43为国际黄金5分钟级别K线图，行情走势为2020年7月16日的一段时间。2020年7月16日，美国公布6月零售销售月率的时候，引起了黄金价格急剧波动，所以该数据对金价的影响也比较可观，值得关注。

图2-43

2.6.2 数据陷阱

需要重点提醒的是，市场是复杂多变的，不像理论是标准不变的。学习分析数据，最大的误区就是把理论当作真理，使用经济学原理判断数据利多或者利空，然后直接依照数据结果去追单。这种方法叫跟数据法，比如在非农数据结果公布之后，如果利空就开仓做空，如果利多就开仓追多。这种情况遇到震荡走势的话，很容易空到地板或者多到天花板，开仓后异常难受，而非农震荡走势上下扫单的情况又非常多，就算幸运碰到单边走势，也可能因为建仓成本不占优势，破坏交易心态，导致难以赚钱。

数据具有滞后性，市场往往会提前消化。数据公布后，行情会快速大涨大跌，此时再追进去，很容易追多到天花板，杀空到地板。就算方向做对了，因为开仓成本偏高或偏低，开仓后也很难获利，行情稍微上下波动一下就触发止损，或者被吓跑了，很容易打击投资者的信心。所以，这种情况无论做对还是做错，都容易造成亏损。

跟数据法是初学者比较喜欢用的交易方法，从书上或者比较权威的网站上，大家都能看到"非农数据利空，黄金下跌；非农数据利多，黄金上涨"的交易原则。这是通过经济理论得出的推理结果，大家感觉就是交易真理，好似自己100%掌握了公认的赚钱法宝一样，结果按这个原则交易，一开仓接着就爆仓。

"非农数据利空，黄金价格下跌；非农数据利多，黄金价格上涨"，这只是经济理论，理论与实践之间相差千里。金融玩的是人性，经济数据只是其载体之一。行情有其自身的运行规律，不会因任何消息、任何数据而发生改变。

下面以非农行情来分析一下该交易方法的实际效果。

图2-44为2020年6月5日公布的美国5月非农数据。

20:30		美国5月失业率	★★★★★	14.70%	19.8%	13.3%	利空 金银 原油
		美国5月季调后非农就业人口(万人)	★★★★★	-2068.7	-800	250.9	利空 金银 原油

图2-44

图2-45为2020年6月5日美国非农数据公布时的国际黄金1分钟级别K线图。

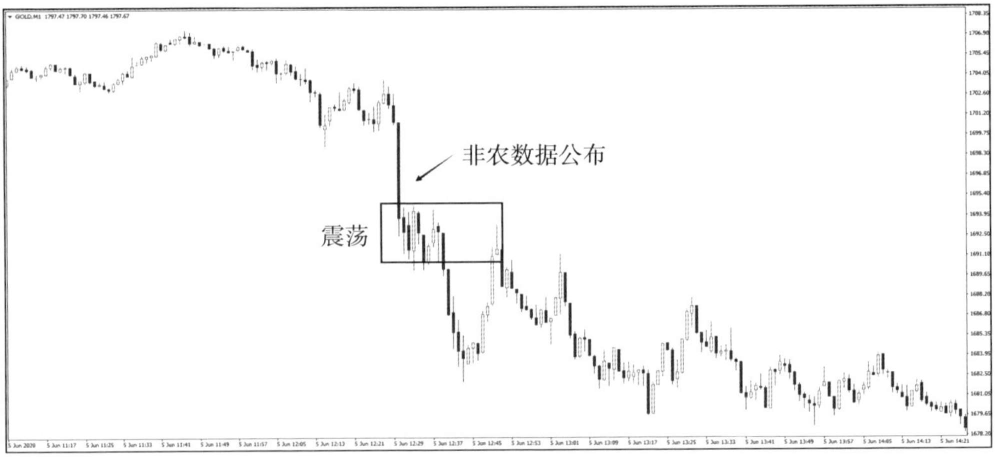

图2-45

非农数据公布后，利空黄金，黄金快速打到1 692.6美元/盎司。依据跟数据法杀进空单，然后黄金持续在1 690美元/盎司到1 694.6美元/盎司之间震荡。在非农行情的紧张气氛中，金价一下子跌这么多，很容易让投资者泄气，生怕价格反转。如果是重仓，更会手心冒汗。大家都知道，做交易，心态是成功的关键，这样的行情状态，很容易使投资者保本出场或者小赚之后立马溜之大吉。就算能坚持持仓，后面的行情一波三折，会严重消磨持仓者的意志，只有少数人能成功坚持下来并且赚钱。

图2-46为2020年4月3日公布的美国3月非农数据。

图2-47为2020年4月3日美国非农数据公布时的国际黄金5分钟级别K线图。

20:30		美国3月失业率	★★★★★	3.5%	3.8%	4.4%	利多 金银 原油
		美国3月季调后非农就业人口(万人)	★★★★★	27.5	-10	-70.1	利多 金银 原油

图2-46

非农数据公布后，利多黄金，黄金快速打到1 622美元/盎司，依据跟数据法追进多单，之后黄金价格立即反转并一路大跌，1 622美元/盎司追入的多单在高位站岗，会让持仓者亏得怀疑人生。很多投资者对于数据利多金价反而大跌的走势充满疑惑。

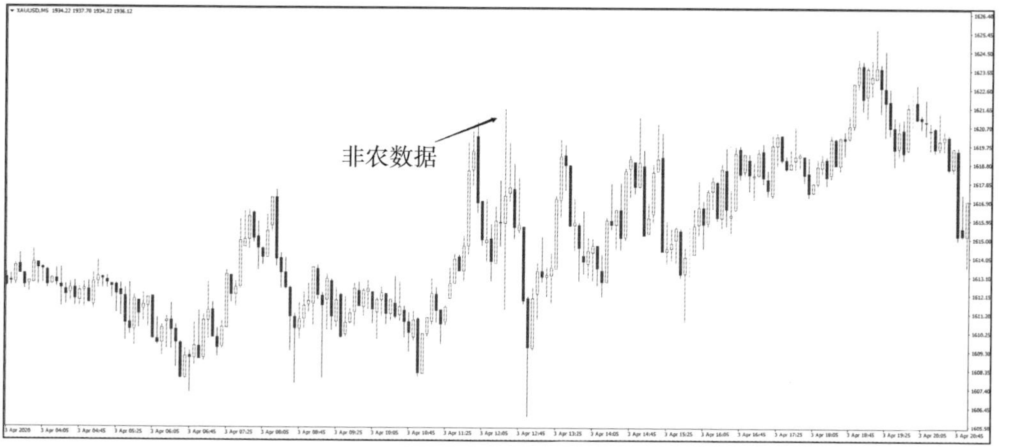

图2-47

综上所述，跟数据法无论跟对跟错都难以盈利，尤其是追在天花板和地板时，极易爆仓。从图2-47中可以看到，行情基本不怎么跟随数据指示的方向运行，完全和数据指示方向反着走的情况也不少。这是为什么呢？因为影响行情走势的因素非常多，数据只是短期会对金价造成一定的冲击，而且时效长短不一，行情变化速度太快，数据滞后性又大，投资者难以把握最佳的持仓价位。此外，市场随时都有可能发生突发事件，官方刚刚公布利多数据，可能市场迅速又放出一个利空消息。市场人士对数据解读的不一致性，也会导致实际影响效果出现偏差，因此很多时候行情并不跟着数据指示的方向走。

金融市场本质还是炒预期，大多数情况下行情都会提前反应利空和利多消息，由此出现“买预期，卖事实”的情况。所以，大家在解读数据对市场的影响时，还是要对整体经济形势有所了解，长期追踪经济动态，以便在中长期格局里把握大方向。对于短线交易，不建议以跟数据的方式做单，可以参考第3章总结出的高效稳定的数据交易方法。

2.7 经济事件

每当有重大经济事件发生时，市场都会出现巨大的波动，尤其是出现“黑天鹅”事件，往往会在市场中引发惊涛骇浪。下面举几个例子来说明。

2.7.1 英国脱欧和特朗普胜选

2016年黄金市场最大的两只“黑天鹅”事件，当属英国脱欧和特朗普胜选。

当时欧洲深陷债务危机，2016年6月24日英国执意脱欧，打了市场一个措手不及，超出预期的事件，直接引发了非理性的市场暴跌，英镑直接闪跳2万点，外汇市场天翻地覆，黄金则受避险情绪刺激，直线飞升近110美元。

2016年11月9日美国大选，原本一路领先的民主党候选人希拉里最后被特朗普打败。特朗普作为一个最不可能胜选的商人，却成了新一届美国总统，消息一出，市场一片哗然，人们的避险情绪升温，使得黄金以秒计的速度上涨了近70美元。但是随后金价连续下跌了一个月，自高位跌去200美元，行情走势令人瞠目结舌。

图2-48为2016年英国脱欧和特朗普胜选时的国际黄金日线级别K线图。

图2-48

英国脱欧和特朗普胜选两大“黑天鹅”经济事件发生后，行情波动幅度急剧放大，市场波动速度加快，甚至直接改变了中期价格趋势。

2.7.2　新冠疫苗

2020年8月11日，俄罗斯卫生部注册了全球首款预防新冠病毒感染的疫苗，该疫苗由“加马列亚”流行病学和微生物学国家研究中心与俄罗斯直接投资基金共同研发。首款新冠疫苗被命名为“卫星-V”（Sputnik V）。德米特里耶夫表示，俄方已商定在5个国家生产疫苗，现有产能将达到每年5亿剂。受到该消息刺激，黄金当天暴跌130美元，成为历史上第二大暴跌日，次日金价更是快速走低，市场发生惨烈的踩踏行情，一片哀鸿遍野，连回收实物旧金的珠宝商们很多都在当日爆亏数百万元。

图2-49为2020年8月11日首款新冠疫苗注册时国际黄金价格行情日线级别K线图。

图2–49

黄金市场不走寻常路，行情暴跌急涨，但是崩盘或许并未逼近，此次下跌并非崩盘前兆。金价崩盘必然伴随着流动性枯竭，尽管当时黄金ETF持仓量增势停滞，但市场交易量依然巨大，所以此次回调很可能只是市场对行情过热的修复。

黄金是对抗通胀的重要手段，抗通胀属性也是支撑黄金中长期上涨的根本因素。国际冲突和局部战争等地缘政治事件对金价只是短期影响，目前国际上还没有出现大规模和长期持续的地缘政治危机，疫情带来的避险情绪可能会因为疫苗的出现而有所改善。截至2020年8月末，美联储公布的核心PCE通胀指数为0.9%，远低于美联储2%的中长期通胀目标，所以未来美联储还将继续推升通胀，这个通胀预期是支撑黄金牛市还将继续的重要原因，所以要密切关注通胀的变化。

2.7.3 2020年美国大选

美国大选对黄金价格的影响，可以分为三个阶段来描述。

第一，美国大选结果出来之前的金价走势。

由于美国大选期间会导致政局不稳，对后期美国经济政治货币政策有不确定性影响，所以在美国大选结果出来之前，市场风险厌恶情绪上升，投资者会追逐避险资产，从而支撑作为避险工具的金价上升。

图2-50为2020年11月美国大选结果公布之前，国际黄金行情日线级别K线图。

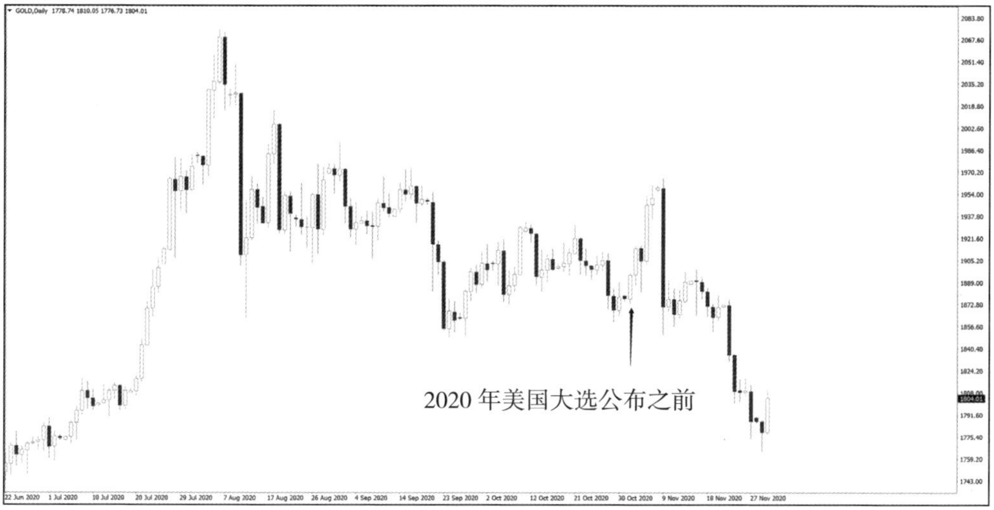

图2-50

从图中可以看出，美国大选结果公布之前，金价受到避险情绪的影响节节攀升。

第二，美国大选结果出来之后的金价中期走势。

由于金融市场是预期主导价格发展，所以当美国大选尘埃落定之后，一方面会出现“买预期，卖事实”的情况，不确定性消退，获利盘了结，致使金价下跌；另一方面，新的总统上台之后，所谓“新官上任三把火”，一般都会兑现选举时对选民的承诺，制定刺激经济发展的政策，导致风险情绪升温，进而抛售作为避险资产的黄金。

图2-51为2020年11月美国大选结果公布之后，国际黄金日线级别K线图。

图2-51

美国大选结果公布之后，金价中期走势出现快速暴跌，跟2016特朗普上台的时候走势如出一辙，都导致了金价中期大幅度下行。

第三，美国大选结果出来之后的金价长期走势。

判断大选结果对黄金价格的长期影响，主要从当选总统采取的政策来解读。

拜登主张的政策主要总结为以下几点：

（1）将推出更大规模的经济刺激计划，有利于经济更快恢复。

（2）对外政策更加理性。恢复和盟国的关系，恢复奥巴马政府达成的伊核协议，这些都有利于提升市场风险偏好。

（3）提出对新冠病毒进行免费检测和治疗，并最终向所有美国人免费提供疫苗。加强疫情管理和控制疫情有利于经济中期恢复。

（4）更好的福利政策。

- 教育领域，民主党承诺让公立学院和大学对家庭收入低于12.5万美元的学生免收学费，社区大学对所有学生免收学费。
- 在医保政策方面，民主党提出创建公共保险项目，以向全民医保迈进，旨在复活并扩大被特朗普抛弃的奥巴马医改政策。

- 向小企业提供贷款，对家庭增加社会保障支出，取消特朗普时代的减税措施，减免学生贷款。
- 将联邦最低工资提高到每小时15美元，对儿童和被抚养人加大税收抵免力度。

德国商业银行分析师丹尼尔·布里斯曼（Daniel Briesemann）称："如果民主党赢得参议院席位，拜登成为总统，我们将看到规模比两党目前可能达成的规模大得多的经济刺激计划。"拜登主张的财政刺激措施是扩大美国财政赤字，随着美国政府不断地印钞票，一方面会导致美元贬值，引发通胀，利多黄金；另一方面，会影响美元的购买力和美元在国际市场的信用，对于黄金价格构成长期利好。

第 3 章

技术分析——高胜算交易法

技术面的判断，需要长时间的经验总结和归纳，如果你接触金融市场太短抑或是比较懒惰，是不可能形成系统的技术分析架构的。人性有个很大的弱点，就是喜欢“投机取巧”和“盲目自信”，所以很多时候你觉得自己找到了市场运行的规律，获得了法宝，但实际上你只是慢慢地钻入了真正的“死胡同”，每次都是交完学费之后才知道自己走错了。对于技术分析，一定要深究，不能浮在表面，只有把技术学透了，融会贯通，才能减少亏损，获得盈利。

虽然基本面分析也是我们提升交易能力的重要部分，但是做技术分析的门槛比研究基本面要低一点，技术面考验的是投资者的总结分析能力，而基本面需要涉猎的范围非常广，对于普通投资者来说比较费力，所以个人投资者都比较倾向技术分析。

技术分析反映的是“真实的市场”。这里所谓的“真实的市场”，并不是现实的市场状况，因为价格可以在短期受资金和情绪的影响而偏离基本面。最重要的一点是，预期主导市场价格走势，注定价格在短期难以反映基本面，所以技术分析存在一定的理性，并且依靠技术分析成功的人也大有人在。

市场有自己的规律，哪怕可能偏离了基本面的现实状况，市场依旧是对的。市场中的技术走势往往会提前预判一些基本面因素。有时候基本面消息出来的时候，会把行情带入高潮，但也有可能会把行情推向反转，这也是我们通常说的“买预期，卖事实”的道理所在。技术分析的优点是可以走在消息或数据之前，所以有时候研究技术面可能获得比基本面更好的收益。

很多人不看基本面也不研究技术面，而是喜欢跟风炒作，网上媒体说风就跟风，说雨就跟雨，看到这么多人都认同这个观点，就觉得大数定律肯定是对的，对此深信不疑。可惜金融市场不同于实业，它具有反身性，如此交易极容易爆亏，然而这是新手必须经历的阶段。跟风炒作虽然容易亏钱，但是只有吃过亏，才能学到金融市场具有反身性和预期推动行情走势等核心理念。

经过一段时间的跟风交易之后，投资者要慢慢摆脱这种跟风的错误思想，总结经验，吸取教训。每个人都应该在不断地学习中强大自我，只有这样才能树立正确的投资理念和交易信念，指导自己做出正确的交易。

“纸上得来终觉浅，绝知此事要躬行。”不过自作聪明的人会曲解这句话的意思，认为不用看书学习，只要做交易就能获得成功，这是无知、懒惰、刚愎自用的表现。人类自诞生以来，文明主要是通过不断学习传承下来的，不学习就去做交易，跟碰运气没有区别。这句话的本意是劝大家要先看书学习，但是不能只看书学习，还要去实践。实践的前提是先把理论学好，然后再去实践，没有理论指导的实践只会让交易者更快地退出市场。

3.1 刺入线战法

刺入线战法是指依据刺透形态的K线组合指导交易的短线战法。大家知道K线由日本人发明，又称蜡烛图、日本线或阴阳线。K线图的基本用途就是寻找“买卖点”，它是预测价格未来走势最基本的工具。另外，K线是价格运行最基本的表现符号，它承载着金钱的流动轨迹，记录了金钱的得失过程，展示了市场中人们的贪婪、恐惧与希望等，蕴涵着丰富的东方哲学思想、运动学思想以及自然法则。

传统形态学对刺入线只有定性分析，没有定量分析，导致在使用过程中非常主观化，再加上刺入线这种交易信号的可靠性并不很高，交易者容易受一时一地心态的影响导致判断错误，做出亏损交易。

本节对刺入线做了全新定义，并以定量分析的方式计算刺入线引发行情走势反转的力度，很好地解决了刺入线传统用法上的重大缺陷。在详细讲解刺入线战法之前，先来看看K线图形如何显示多空强弱。

3.1.1　K线显示多空强弱

通常一根K线包含最高价、最低价、开盘价、收盘价、影线（上影线和下影线）、实体（阳线实体或阴线实体），如图3-1所示。根据K线的影线和实体情况，可以判断多空力量的对比。

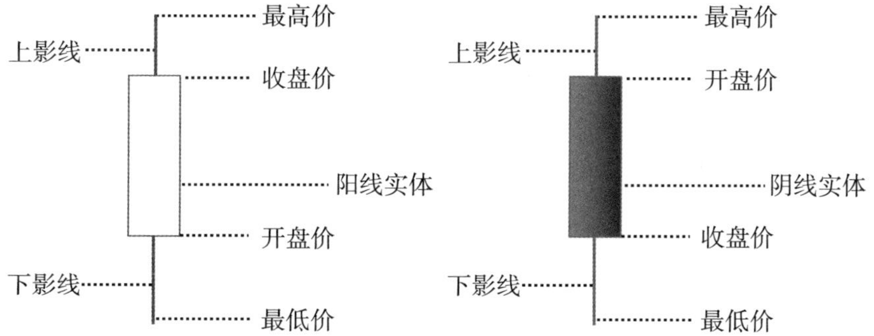

图3-1

1. 影线

如图3-1所示，影线分为上影线和下影线，产生上影线的原因是空头力量大于多头力量。在高点，多头上攻无力，遭到空头打压，价格自高点回落，阵地被空方占据，形成上影线。上影线越长，表明空头力量越强大，价格压力越大，后市越容易下跌。长上影线大多数表现出阶段性见顶特征。下影线反之。

2. 实体

如图3-1所示，实体分为阳线实体和阴线实体，产生阳线实体的原因是在开盘价与收盘价这个区域，多头完胜空头，局面被多头完全控制。阳线实体越长，表示多头力量越强，被多头控制的领域越大，后市多头越容易战败空头，继续扩大控制领域。实体阴线反之。

实体大小代表着市场的内在动力，实体越大，上涨或下跌的趋势越明显，反之趋势则不明显。

这里用两个球从斜坡上滚下来的实验来说明K线形态蕴含的力学道理，如图3-2所示。K线实体越大，说明其内在动力越足，后市下跌幅度越大，就如质量越大的小球，在同一高处滚落，滑行的距离越远一样。

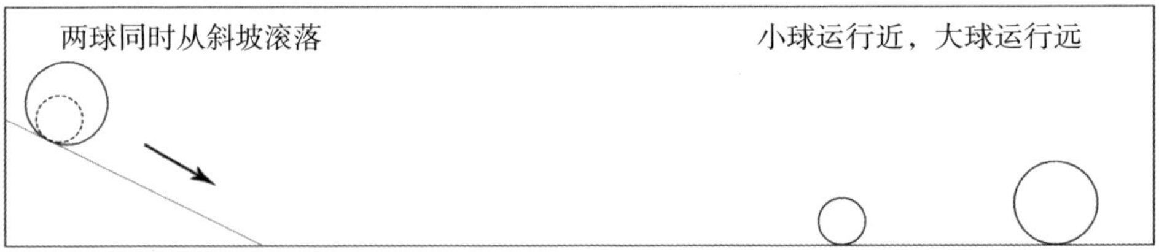

图3-2

3. “趋”和“势”

我们通常所说的趋势，包含两个含义，一个是“趋”，一个是“势”。

“趋”是指趋向性，即价格未来的运行方向，是个定性概念，它可以根据阳线实体或者阴线实体来判断，阳线实体表示未来趋向上涨，阴线实体表示未来趋向下跌。“势”是指势力，即价格的运行力度，是个定量概念，交易者可以根据影线长短和实体大小来判断未来朝着某个方向能运行多远。

这一点非常重要，因为每一笔交易都是有成本的，只判断对交易方向还不够。就算是短线交易，也要判断出后市价格可能运行的空间大小，如果不够弥补成本，抑或是获利太少，哪怕是很明确的交易信号，也不值得去做。这一点对于后面要讲的刺入线交易法来说，是一个先决条件。

定量计算K线“势”能大小的规则如下。

（1）上影线和阴线实体代表空头。

（2）下影线和阳线实体代表多头。

（3）多空差值=（下影线长度+阳线实体长度）-（上影线长度+阴线实体长度）。

（4）多空比值=（下影线长度+阳线实体长度）:（上影线长度+阴线实体长度）。

（5）K线“势”能=多空差值×多空比值。

多空差值为正数时，预示后市将上涨；多空差值为负数时，预示后市将下跌。K线“势”能越大，表示未来行情沿着趋向运动得越长，K线“势”能越小，表示未来行情沿着趋向运动得越短。

通过上面的计算规则，可以很明确地计算出后市市场运行力度的大小，估算出大概的获利空间，以此帮助我们做合理的交易决策，尤其是在行情很小的时候，避免信号指示的交易机会可操作空间太小，导致不必要的亏损。

3.1.2　刺入线形态

刺入线属于技术形态中的一种，主要有六种变体，分别为待入线、约会线、切入线、插入线、刺透线、吞没线。这里给刺入线的六种变体都做了全新的定义。

刺入线的六种变体都是前阴后阳或者前阳后阴的K线组合形态，后一根K线相对前一根K线跳高或者跳低，但它们“刺入”的程度不同，如图3-3和图3-4所示。

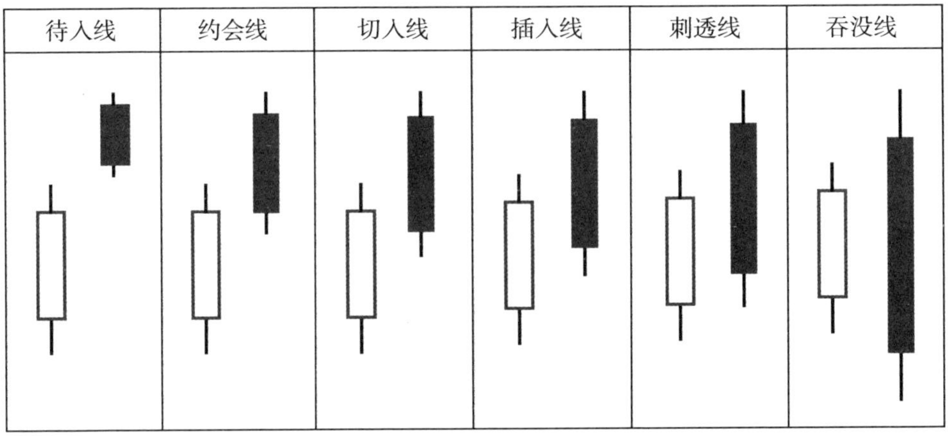

图3-3（行情处于高位）

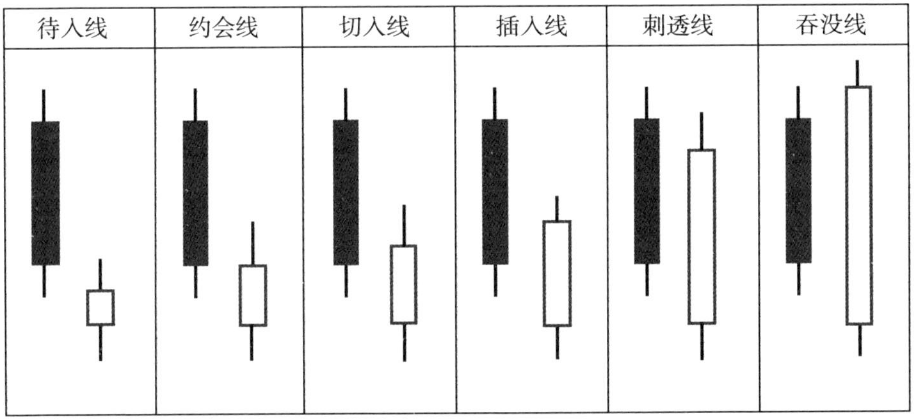

图3-4（行情处于低位）

（1）待入线的“刺入”特征是后一根K线实体与前一根K线实体有一段距离，两个实体之间有一个缺口，形成“待入”状态。待入线形态主要指两个实体之间形成缺口，上下影线之间有无缺口无关紧要。

（2）约会线的“刺入”特征是两根K线的收盘价基本相同，已经接触但是没有“刺入”。

（3）切入线的“刺入”特征是后一根K线实体略微“刺入”前一根K线实体，两个实体之间有重叠，形成“刚刚进入”的状态。

（4）插入线的“刺入”特征是后一根K线实体“刺入”前一根K线实体较深，且接近前一根实体的中部位置。

（5）刺透线的“刺入”特征是后一根K线实体“刺入”前一根K线实体较深，并超过前一根实体的中部位置。

（6）吞没线的“刺入”特征是后一根K线实体“刺入”前一根K线实体较深，并完全超过了前一根K线实体，形成“吞没”的形态。

3.1.3　刺入线战法应用

1. 刺入线的意义

“刺”的意思就是指从外向内进入，这个词不但非常形象地刻画了刺入线是具有跳空的K线形态组合，还暗示该形态具有行情反转的意义。

如图3-5所示，行情处于下降之中，前一天行情大幅下挫，第二天开盘市场跳空大跌，空方信心十足，但是马上多头发动反攻，把价格往上推，使价格意想不到地重新回到了前一天收盘价的水平。

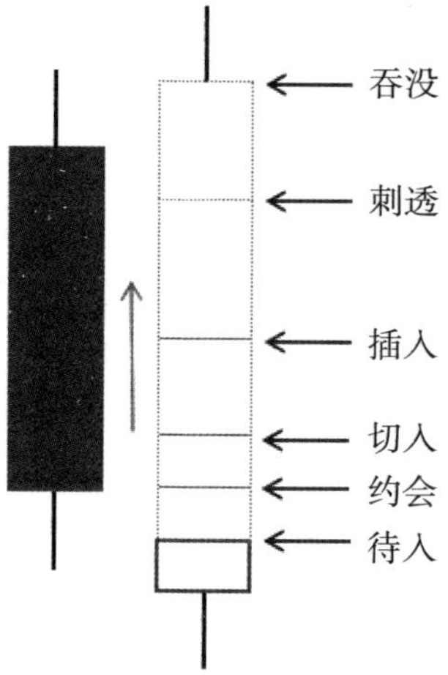

图3-5

（1）收盘价接近前一根K线收盘价时的形态为待入线。

（2）收盘价与前一根K线收盘价重合时的形态为约会线。

（3）收盘价略微高于前一根K线收盘价时的形态为切入线。

（4）收盘价接近前一根K线实体中心线时的形态为插入线。

（5）收盘价高于前一根K线实体中心线时的形态为刺透线。

（6）收盘价高于前一根K线开盘价时的形态为吞没线。

这样的强势反转，很容易让空头信心受挫。如果量能配合放大，则会在低位套住一大波杀跌的空头，价格反转的动能更足。高位刺入线反之。

2. 刺入线战法的原则

六种刺入线都具有判断行情反转的作用，而且反转的力度依次增强（待入线<约会线<切入线<插入线<刺透线<吞没线）。需要注意的是，只有在处于高位和低位时，刺入线才具有研究意义，并且将定性分析和定量分析结合起来，才能把握更大的获利空间。通过计算“势”的力量大小，决定是否入场以及入场的仓位，以免被市场短期杂波干扰，造成不必要的损失。

定性：处在高位的刺入线，多显示见顶信号，应考虑做空；处在低位的刺入线，多显示见底信号，可考虑做多。

定量：利用叠加原理，可将刺入线的两根K线合二为一（见图3-6），用K线“势”能计算法则，可以计算出刺入的“势”能大小。“势”能越大，反转力量越强，反转概率越高。反之则越低。

从原理上看，刺入线都可以指示反转，但是除了刺透线和吞没线以外，其他四种刺入线平时比较少见，且行情反转概率并不是非常高，所以一般建议选择刺透线和吞没线作为进场依据，这样可以极大地提高交易胜算。

下面以反转上涨的刺透线和吞没线为例来具体介绍，反转下跌的刺透线和吞没线同理可推导之。

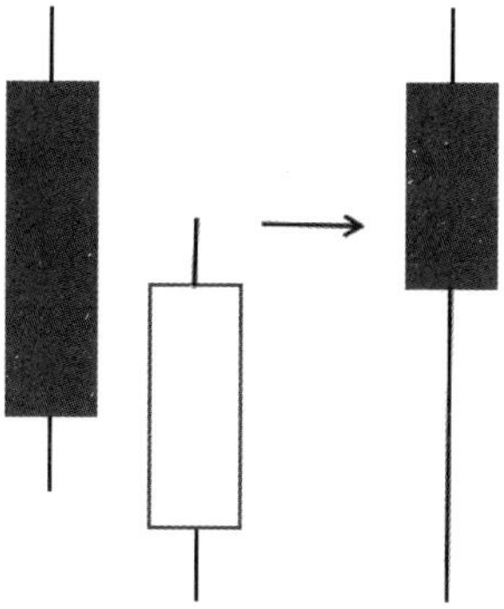

图3-6

图3-7为2020年8月13日国际黄金5分钟级别K线图。

图3-7中为刺透线，行情处于下跌途中相对低位，前一根大阴线从1 926.7美元/盎司开盘，最高小幅反弹到1 926.8美元/盎司，最终暴跌收盘于1 922.12美元/盎司。紧接着后一根K线以1 921.6美元/盎司跳空开盘，开盘时本来市场还是延续之前的极度弱势，但是市场低开高走，价格强势反转回升，且收盘价穿过前一根K线的实体中心位置，以1 925.22美元/盎司收盘。这里可以将刺透线中的两根K线合二为一，那么最后表现形式就是一个带长下影线的阴线。

图3-7

下面进一步计算两根K线合体后的“势”能大小。

下影线长度=（1 925.22−1 921.6）=3.62

阴线实体长度=（1 926.7−1 925.22）=1.48

上影线长度=（1 926.8−1 926.7）=0.1

多空差值=（下影线长度+阳线实体长度）−（上影线长度+阴线实体长度）

=3.62−（1.48+0.1）=2.04

多空比值=（下影线长度+阳线实体长度）：（上影线长度+阴线实体长度）

=3.62:（1.48+0.1）≈2.28

“势”能=多空差值×多空比值=2.04×2.28≈4.64

从中可以看到，组合后的吞没线“势”能值为4.64，预示短期将继续上行，多头开始反扑，短期价格随后也触底走出了七连阳，大涨超过12美元。

图3-8为2020年8月7日国际黄金5分钟级别K线图。

图3-8

图3-8中箭头所示为吞没线形态，此时行情处于下跌途中相对低位，前一根K线大跌收盘于2 048.48美元/盎司，紧接着后一根K线以2 046.85美元/盎司跳空开盘，一度下滑至低点2 041.72美元/盎司，但是戏剧性的是，之后价格迅速反转回升，直接超越前一根K线的开盘价和收盘价，以2 053.3美元/盎司

收盘，后一根K线实体完全吞没前一根K线实体，盘中一度触及高位2 056.25美元/盎司。可以将吞没线中的两根K线合二为一，那么最后表现形式就是一根大阳线。

接着进一步计算出合体后的“势”能大小。

下影线长度=（2 046.85−2 041.72）=5.13

阳线实体长度=（2 053.3−2 046.85）=6.45

上影线长度=（2 056.25−2 053.3）=2.95

多空差值=（下影线长度+阳线实体长度）−（上影线长度+阴线实体长度）=（5.13+6.45）−2.95=8.63

多空比值=（下影线长度+阳线实体长度）:（上影线长度+阴线实体长度）=（5.13+6.45）：2.95≈3.93

“势”能=多空差值×多空比值=8.63×3.93≈33.92

可以看到，组合后的吞没线“势”能值高达33.92，预示短期上涨动能非常强，市场氛围由空转多，短期价格也是走出了六连阳，逆袭成功。

注意：除了刺入线应当在高位或低位使用外，在使用刺入线战法的时候，跳空的幅度越大越好，因为跳空的幅度被反向攻占回来之后，显示的反转信号将会更强。实战中，当价格波动比较小时，也会出现不明显的刺入线形态，但是基本没有获利空间。

因为有交易成本和风险系数存在，因此被多头或者空头攻占的领地越大越好。对于短线交易来说，多空差值一般在2美元以上，且多空比值2倍以上较为适宜，即“势”能值至少要在4以上才能去做短线交易。只要满足以上条件，无论何种刺入线都是很好的反转信号，都可以作为入场的依据。

图3-9为国际黄金5分钟级别K线图，时间跨度为2020年4月1日到2020年4月2日。

图3-9

虽然图3-9中的待入线是反转信号最弱的一种，但是计算出的待入线“势”能值高达12，所以一样具有强大的动能带动黄金价格继续上涨。判断反转信号强弱，经验上是以刺透线和吞没线为主，但是核心是以“势”能值作为交易的重要依据，因为市场动力大小才是决定利润与风险的标准。

3. 刺入线战法拓展

在投资黄金的时候，可以结合MACD动能柱来判断行情反转力度的大小，比如出现切入线时，MACD指标动能柱缩短，表明行情见底的可能性更大。不过这里还是重点推荐刺透线和吞没线这两种刺入线，依据这两种形态交易，获利的概率更高一些。

投资股票的时候，也可以使用刺入线的六种变体。判断反转的时候，可以结合成交量进行分析。比如出现吞没线且成交量放大，这个时候大概率可以判断行情出现反转，介入将有利可图。

3.2 万能战法

万能战法是指以趋势线为先行指标，以MA20（20 Day Moving Average，20日价格平均线）为入场信号的短线交易方法。

在万能战法中，需要使用两个技术指标，一个是MA20，另一个是趋势线。常用的均线有MA5、MA10、MA20、MA30、MA60等，每条均线都有重要的意义，对指示行情发展变化具有特殊的作用。对于短线交易来说，MA20具有重要意义。MA20是过去20个时间单位的平均收盘价格，反映了20个时间单位内的平均持仓成本，其周期不是很长也不显得太短，所以能够真实反映较为接近的价格趋势，能在任何时候、任何位置给出一个明确的操作买卖信号，所以被称为万能均线。趋势线采用不同于一般方法的“轨迹”核心判定法，这样对于任何复杂的行情，都可以得到唯一确定且肯定准确的趋势线。

图3-10为国际黄金1小时级别K线图，时间跨度为2020年7月20日到

图3-10

2020年7月30日。图中展示的就是MA20和趋势线结合在一起使用的分析方法。

3.2.1 万能均线三大特征

1. 万能拐弯

MA20拐弯分为两种情况，一种是低位拐弯，另一种是高位拐弯。

如果MA20低位拐弯，意味着短期内趋势有好转的迹象，那么行情有可能陷入震荡，空头趋势得以缓和，也有可能空头趋势终结，多头趋势来临。如果MA20高位拐头，意味着短期内趋势有回落的迹象，那么行情有可能陷入震荡，多头趋势暂停，也有可能行情多头趋势终结，空头趋势来临。

图3-11为国际黄金1小时级别K线图，时间跨度为2020年5月19日到2020年6月15日，均线为MA20。从图中可见，当MA20高位拐头的时候，通常伴随着行情见顶或者震荡。当MA20低位拐头的时候，通常伴随着行情见底或者震荡。

图3-11

2. MA20和价格的位置关系

如果价格能够站稳在MA20之上，说明未来中短期价格看多；如果价格下穿MA20，表明未来中短期价格看空。

图3-12为国际黄金1小时级别K线图，时间跨度为2020年5月15日到2020年6月10日，均线为MA20。从图中可见，当价格持续在MA20之上运行时，行情往往都会出现一波中期或者短期上涨；当价格持续在MA20之下运行时，行情往往都会出现一波中期或者短期下跌。

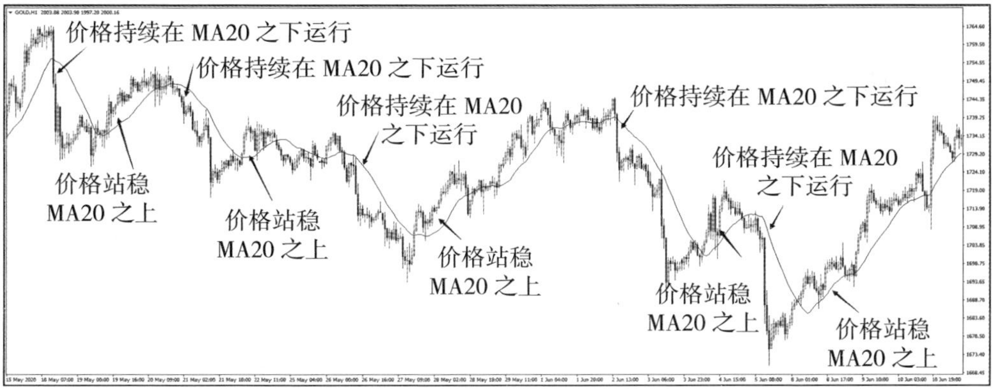

图3-12

3. MA20方向和价格的关系

如果价格在MA20之上，且MA20朝上运行，表明价格处于强势状态；如果价格在MA20之下，且MA20朝下运行，表明价格处于极度弱势状态；如果价格在MA20附近频繁上下穿越，且MA20走平，表明价格处于震荡态势。

图3-13为国际黄金1小时级别K线图，时间跨度为2020年5月26日到2020年6月19日，均线为MA20。从图中可见，当MA20朝下运行的时候，行情一般也会持续下跌；当MA20走平的时候，行情会进入震荡状态。

图3-13

3.2.2 趋势线新画法

很多人推崇“趋势跟随”，认为趋势形成后，只要跟随交易就好了。在上涨趋势中，上涨的波段远多于下跌波段；在下跌趋势中，下跌的波段远多于上涨波段，所以跟随趋势本身就是选择了大概率，交易系统的获利概率会得以提升，这也是技术分析的核心所在。

不过这里其实有个前提条件，就是“你得尽早开始跟随这个趋势”。因为你不知道这个趋势什么时候结束，如果跟随晚了，成为趋势后半部分买入的人，那么在卖出的时候，也会成为后半部分的人，不但赚不了多少，还极易被套。因此，采取跟随趋势交易方法，必须有强大的趋势判断能力和技术分析能力，这一点很重要。这个技能是需要下功夫去磨炼的，等“炼”成了，获得的回报会超出你的想象。

一般交易者都会采用趋势线去跟随趋势，那么首先要知道如何正确地画出趋势线。在市场中，有很多投资者对于画趋势线存在误区，没有抓住趋势的本质，都是在不断地凑趋势线，随着行情的波动不断调整自己画出的趋势线。其实行情如同质点，质点运动的轨迹永远只有一条，如果你的趋势线需要调整，那就说明你之前画出的趋势线必定是错的。

趋势线比较明显的错误画法有三种：第一种，连接趋势线的点选择了高点之后的低点或者选择了低点之后的高点；第二种，趋势线穿越了所选两点之间的价位；第三种，连接趋势线的两点过于偏向最低点附近或者最高点附近，不具有代表意义。这三种错误比较低级，这里不再赘述。

这里主要介绍绝大部分人画错且不自知的一个重大错误：第一步，在上涨过程中找两个低点连接，即为上涨趋势线，在下跌过程中找两个高点连接，即为下跌趋势线（趋势线不能穿越两点之间的任何价位）；第二步，当后市价格突破该条上涨或者下跌趋势线后，更换目标点重新调整趋势线。

图3-14为国际黄金1小时级别K线图，时间跨度为2020年7月16日到2020年8月11日。很显然图中画出的趋势线是错误的，图中的趋势线对应的行情经历了三波不同的趋势，显然它们不是一个趋势，所以图中的趋势线并不能代表行情趋势。

图3-14

趋势的意思就是事物运动的方向，行情可以看作质点的运动，行情的轨迹线代表着行情的核心趋势。通过这个定义，我们可以得出趋势线最准确的画法。

1. 确定轨迹线

如果把价格看作质点，那么价格的运动轨迹就代表了价格未来可能运动的趋向，也就是趋势。质点的趋势是质点的轨迹线，也就是穿越质点次数最多的一条直线，因此价格趋势线就是穿越价格中轴的轨迹线。我们连接每一小波行情的中点，就可以得到行情的轨迹线。这条线所指示的方向，一定是当前这波行情最准确的发展方向。就好像一条蛇蜿蜒前行，一会向左，一会向右，但是只有该条蛇滑行的轨迹线才是其真正滑行的方向。

图3-15为国际黄金1小时级别K线图，时间跨度为2020年8月7日到2020年8月14日。图中穿越行情的直线即为该段下跌行情的轨迹线，它代表了价格真正运行的中心方向。注意，在画该条轨迹线的时候，要尽可能穿越整波行情的中心。

图3-15

2. 确定趋势线

由于趋势线指示了价格未来的运行方向，所以必定与轨迹线平行，那么趋势线的确定方法主要有两步：第一步是画一条与轨迹线平行的直线；第二步是将该条直线进行平移（下降趋势往上移，上升趋势则往下移），直到有两点与之重合为止，且这两点之间的价格不能被该条直线穿越。

需要着重强调的是，用这种方法确定的趋势线是准确的，也是唯一的。传统的确定趋势线的方法是找两个点，然后连接两点作为趋势线，这种方法很容易出现错误，因为找到的两点具有随机性。传统的趋势线使用者，在被行情验证趋势是错的时，经常需要随着行情的运行调整趋势线。

新画法画出的趋势线还有一个很大的优点，就是可以在行情发生的前半部分得到准确的趋势线。传统的画趋势线的方法必须要等两点走势出来，这时才能确定趋势线，但是很多时候等两点走势出来，趋势行情已经到了尾声了。

图3-16为国际黄金1小时级别K线图，时间跨度为2020年8月7日到2020年8月14日。图中A和B两点是下降行情中的两波高点，下降趋势线穿过这两点，而且在A点和B点之间没有任何价格被下降趋势线穿越，从中可以看到价格一直承压于下降趋势线，一路下跌，在C点的时候，行情才突破下降趋势线，结束下跌趋势。

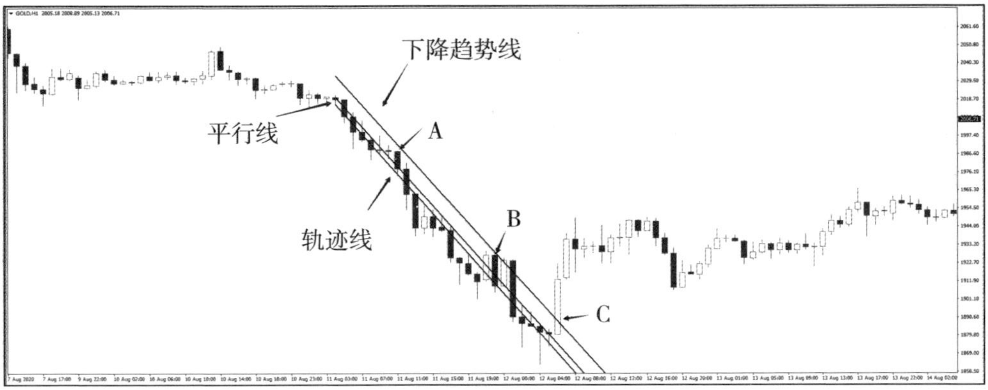

图3-16

3. 确定趋势通道

通道线的意义在于掌握行情的大致波动范围。在下跌趋势中，外延通道线是行情短期支撑，如果跌破，则表明行情极度弱势，会加速下跌；在上涨趋势中，外延通道高线是行情短期压力，如果升穿，则表明行情极度强势，会加速上涨。

确定趋势通道，重点在于画出行情的外延通道线。通道线中有一个重要的点称为临界点，该点是行情突破趋势线之前的最后一次回档的高点或者低点，它具有重要意义。如果价格突破趋势线，但是未能突破临界点，表示后市仍将震荡。如果价格突破趋势线且突破临界点，表示后市趋势反转。

外延通道线的画法与下降趋势线的画法类似，也分为两步：第一步是画一条与轨迹线平行的直线；第二步是将该条直线进行平移（下降趋势往下移，上升趋势往上移），直到与行情的第一个有效波峰或者波谷重合为止，该条线就是外延通道线。

由外延通道线和趋势线组成的通道就是趋势通道，行情突破趋势线表明趋势行情结束，行情突破外延通道线表示原有趋势加速。

图3-17为国际黄金1小时级别K线图，时间跨度为2020年8月7日到2020年8月14日。图中D点是下降行情中的第一个有效波谷，轨迹线的平行线穿过这个点，形成外延通道线，下降趋势线和外延通道线组成的通道就是下降通道，它标示了价格大致的波动范围。如果价格升穿下降通道线，表示下降趋

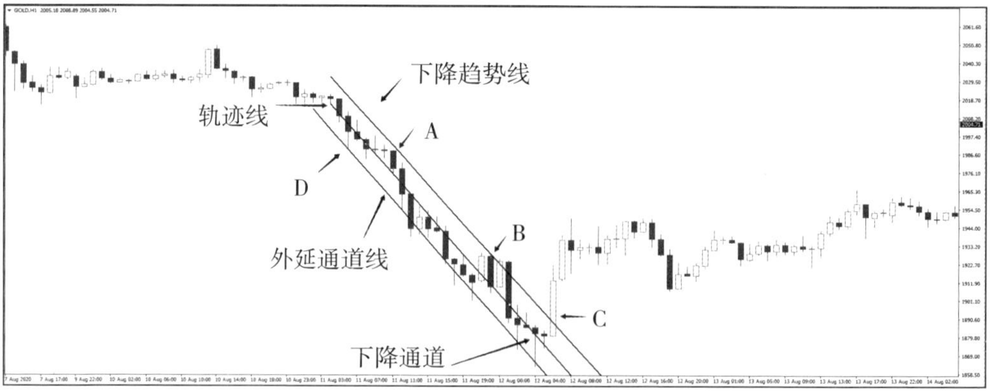

图3-17

势结束；如果价格跌破外延通道线，表示将加速下跌。图中B点为判断行情反转与否的重要临界点。

3.2.3 万能战法应用

对于短线交易，MA5和MA10周期太短，发出的交易信号太频繁，不但错误率高，而且获利空间非常有限。MA30和MA60周期又稍长，能参与的交易机会偏少，最适合短线操作的均线是MA20。

知道均线作为技术指标是较为直观、简便的交易方法之一，根据均线买卖法则，可以制定交易规则。但是均线固有的滞后性以及在震荡过程中的虚假信号太多，致使依据均线交易盈利能力较弱，而且可操作性也会降低。

图3-18为国际黄金1小时级别K线图，时间跨度为2020年5月7日到2020年5月20日。图中可见MA20频繁地发出多空信号，导致交易难度增加。

图3-18

为了克服MA20本身固有的缺陷，这里将MA20与趋势线一起使用，给交易方法加一个趋势前提，这样就可以减少市场干扰，极大地提升盈利概率。这种方法我们称为万能战法。

下面是万能战法的交易规则。

（1）上涨趋势中，当价格未跌破上涨趋势线时，价格回调触及MA20做多；当价格跌破上涨趋势线时，价格回调触及MA20放弃做多。

（2）下降趋势中，当价格未升破下降趋势线时，价格反弹触及MA20做空；当价格升破下降趋势线时，价格反弹触及MA20放弃做空。

图3-19为国际黄金1小时级别K线图，时间跨度为2020年4月8日到2020年4月22日。如图中黑色箭头所指，价格回落触及均线的A、B、C、D点时，行情处于上升趋势线之上，所以都可以做多。价格触及均线的E、F、G点时，行情已经跌破上升趋势线，此时如果继续按照均线本身的交易方法去做多的话，将会出现亏损；价格反弹触及均线即H点附近时，行情依旧处于下降趋势线之下，所以可以做空获利，但是价格反弹触及均线I点的时候，如果继续按照均线简单的方法交易，将会出现亏损。

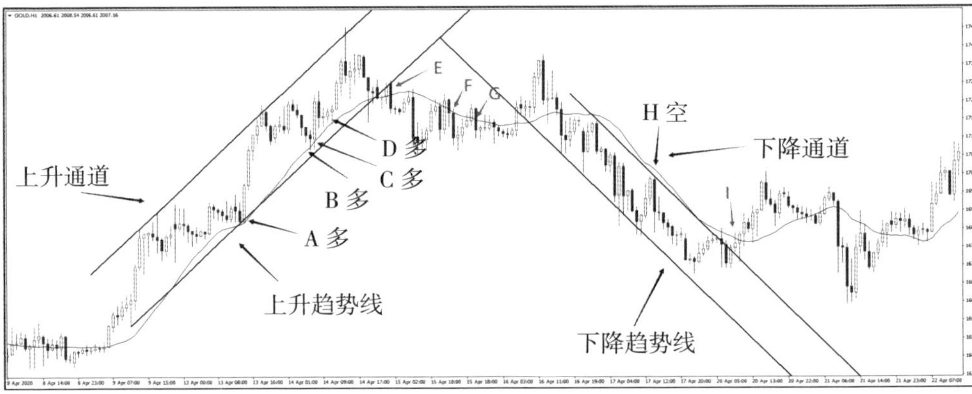

图3-19

万能交易法的核心是利用MA20高效的信号，以趋势交易为前提，兼顾趋势和点位，避开均线本身的缺陷，从而大大提升进场点的精确度，大幅提升交易的胜率。

3.3　精华版黄金分割战法

一直以来，市场上对黄金分割法存在误解，能正确使用黄金分割法的人非常少。由于错误的理解，导致使用黄金分割法指导交易的时候经常亏损，但是行情走完再去分析，又好像黄金分割法都是对的，所以黄金分割法被认为是马后炮技术。本章将从本质上阐述黄金分割法最准确的使用方法，让大家重新认识黄金分割法真实强悍的交易能力。

3.3.1　黄金分割定义

黄金分割也称为斐波那契数列，本是一种数学工具，后来被用到交易技术上，主要用于行情回档分析，是一种支撑阻力短线交易法，通常由0、0.236、0.382、0.5、0.618、1这六条水平线组成。

图3-20为国际黄金1小时级别K线图，时间跨度为2020年5月29日到2020年6月24日。图中展示的就是依据一波上涨行情所画出的黄金分割线。

图3-20

3.3.2 黄金分割线新画法

大部分人用错黄金分割法是从画黄金分割线开始的，既然指标都画错了，那么后面再怎么分析肯定也是错的。黄金分割线比较明显的错误画法有三种：第一种是将高低点连反；第二种是连接的高低点不是有效的高低点；第三种是在有效拐点未形成之前过早地绘制斐波那契回调线。这三种错误比较低级，这里不再赘述。

这里主要介绍绝大部分人画错且不自知的一个重大错误之处：第一步，在交易软件上方点击黄金分割画线工具；第二步，找一段时间内有效的高点和低点，下降趋势线从有效低点开始向上画，上升趋势线从有效高点开始向下画，由此得到黄金分割线。

图3-21为国际黄金1小时级别K线图，时间跨度为2020年8月10日到2020年8月21日。目前的低点只是暂时的低点，行情也有可能继续创新低，所以图中这条黄金分割线是非常主观的，错误的可能性非常大。

图3-21

这种画法看似是对的，其实并不准确。画对的条件是，必须等一波行情走完，高低点出来之后再画，不然很容易出现在有效拐点未形成之前过早地绘制斐波那契回调线的错误。但是如果要等行情走完才能把黄金分割线画对，也就是说，必须等行情走完才能画黄金分割线，即使画出的黄金分割线是标准的，也只能是一个十足的马后炮。有人说黄金分割就是做回调，就是等行情走完再来分析，但是行情走没走完本身具有主观性，而且行情永远都是边走边调整，所以等肉眼可见的高低点出来之后，依据黄金分割法操作已经滞后了，因此，这不是一个客观的可操作的刚性技术。

但是，黄金分割法真的无法使用吗？其实不然。当行情走完之后，真正的高低点出来了，应用黄金分割法发现分析很准确，那么说明其本身是准确的，只是交易者有没有能力提前去判断高低点。所以，想用好黄金分割法的第一步是找对高低点，这样才能画对黄金分割线，然后提前使用黄金分割法，抓住那些精准的点位。

如何找对高低点，如何正确画出黄金分割线呢？答案如下。

一波行情的高低点走出来之后，也就是说没有更高的点，也没有更低的点了，根据道氏理论和波浪理论，意思就是趋势结束，行情转势了。所以在判断高低点前，必须要判断趋势，使用趋势交易法把行情判断对了，高低点才能找对，然后再使用黄金分割法做交易，那么在你看来行情走完后都特别准的点，就能提前把握住了。这一点是绝大多数散户用错黄金分割法的根本原因。

没有结合趋势线的黄金分割法必然是错的，但是在确定当前趋势之前，必须找准当前趋势的起点（这个点就是黄金分割线的起点）。要确定当前趋势起点，必须先画出前一条趋势线，这样才不会错。

图3-22为国际黄金1小时级别K线图，时间跨度为2020年5月29日到2020年6月24日。

如图3-22所示，当行情运行到A点的时候，假设没有后面的行情，如何判断行情有没有结束，是什么时候结束的？

先画出A点之前行情的趋势线（因为A点之前的行情都已经走出来了，

所以这件事能办到，并不是马后炮）。根据上一节“趋势线新画法”可知，首先要画出A点之前一波下降行情的轨迹线，然后画出轨迹线的平行线，向上平移至有两点与之重合（两点中间价格不能被趋势线穿越），这样就得到了下降趋势线。最后，当价格突破这条趋势线之后，根据趋势交易法，如果价格突破了临界点，就表示行情转势；如果价格没有突破临界点，则表示行情进入震荡走势。无论何种情况，都表示原有行情已经结束，行情开始回档，这时就可以开始使用黄金分割法了，而且A点顺理成章地就可以作为新一波行情的起点，也就是黄金分割法的起点。

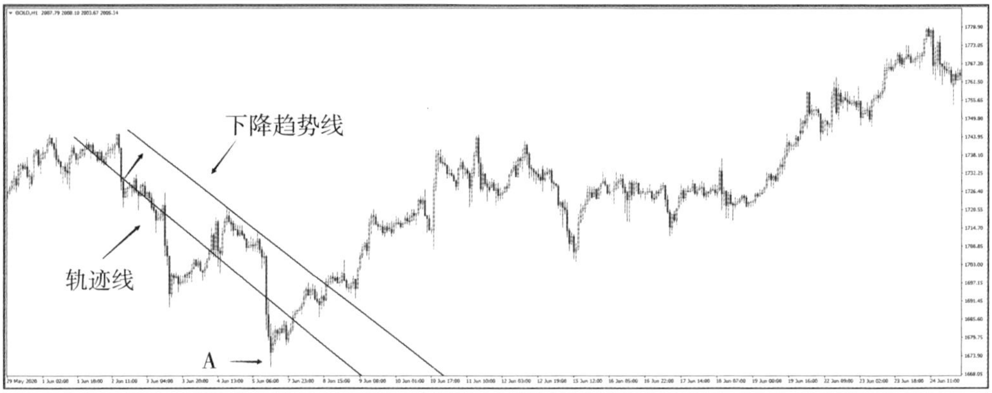

图3-22

下一步就是判断黄金分割线的高点。和判断起点一样，高点之所以可以确定，是因为原有趋势被突破了，所以要画出A点之后行情的上涨趋势线，而A点之后行情的上涨趋势确认，是从价格突破原先下降趋势的临界点开始的。

图3-23为国际黄金1小时级别K线图，时间跨度为2020年5月29日到2020年6月24日。

如图3-23所示，行情在M点的时候，就成功突破了前一波下降趋势的临界点，那么这时可以确认行情转势，画出轨迹线和上升趋势线。行情在N点的时候跌破了上升趋势线，这个时候千万不要做马后炮分析，我们假设后面的行情没有走出来，从客观上来讲，这一刻我们认为上涨趋势结束了，高点也出来了，就是B点。

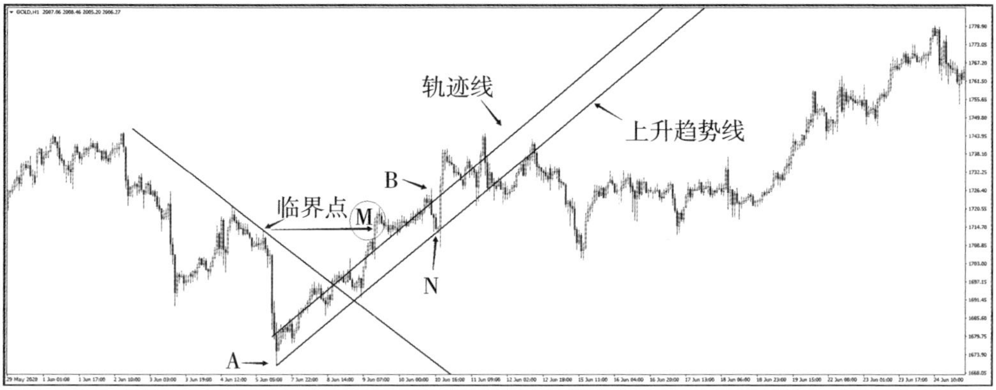

图3-23

图3-24为国际黄金1小时级别K线图，时间跨度为2020年5月29日到2020年6月24日。黄金分割法的高低点A和B出来之后，连接A和B两点，就能得到准确的黄金分割线。

图3-24

下面总结一下黄金分割线的准确画法。

（1）画出前一波行情的趋势线，当行情突破前一波行情的趋势线，那么前面的高点或低点，就是黄金分割法的起点。

（2）画出当前行情的轨迹线。

（3）画出当前行情轨迹线的平行线，然后平移轨迹线的平行线（根据趋势定义），得到当前行情的趋势线。

（4）等价格突破当前行情的趋势线时，之前的行情最高点或者最低点就是黄金分割线的终点。

（5）连接起点和终点，就得到了准确、客观的黄金分割线。

3.3.3 精华版黄金分割战法应用

学会怎么画黄金分割线之后，就可以用它指导操作了。但是，交易时要和画它一样客观，才能真正得到黄金分割法带来的利润。

黄金分割法的基本作用：当行情向一个方向运行，其反方向的回调会在可预测的水平受阻，之后行情将恢复原来的方向继续运行。黄金分割线中的每条线都是控制点（支撑或者阻力），在上涨行情回调的时候，每条线都是支撑，跌破之后转换成阻力；在下跌行情反弹的时候，每条线都是阻力，升穿之后，转换成支撑。

根据黄金分割法的基本用法，可以推导出精华版黄金分割战法的交易规则。

（1）黄金分割线中，每条线都构成一个控制点，在应用黄金分割回调线的时候，要结合趋势，顺着原有的趋势方向做交易。在上升趋势中，回调到控制点做多，在下降趋势中，反弹到控制点做空。

（2）0.236数值线一般不宜作为交易依据，因为0.382位置为弱回调，行情一旦开启回调，很容易超过0.236的位置。

（3）当回调过深，跌破0.618数值线的时候，很可能导致趋势发生反转，此时多空思路要调整，不能一味凭借数值线沿着原来的趋势交易，但黄金分割回调位仍具有支撑或阻力作用。

图3-25为国际黄金1小时级别K线图，时间跨度为2020年5月29日到2020年6月24日。根据交易规则，可以在图中箭头处，也就是0.382位置附近做多。随后价格快速上涨，入场后即大幅获利。

图3-25

这个时候问题又来了，行情迅速回升到0.236之上，且直接突破创新高，形成虚破，这表明原有趋势并没有走完，所以目前的黄金分割线画错了。但是依据原有的黄金分割线交易的这一单，客观上是获利的，这是依据传统的黄金分割线指导交易做不到的。然后我们继续做下一步工作，等行情再次跌破上升趋势线时，再次确定一个新的高点。

图3-26为国际黄金1小时级别K线图，时间跨度为2020年5月29日到2020年6月24日。从图中可见，行情在N'点再次跌破上升趋势线，这时候假设没有后面的行情，那么此时行情趋势已经结束，行情的高点就是B'。

依据A、B'两点可以得出新的黄金分割线，然后依据新的黄金分割线指导交易。

图3-26

图3-27为国际黄金1小时级别K线图，时间跨度为2020年5月29日到2020年6月24日。

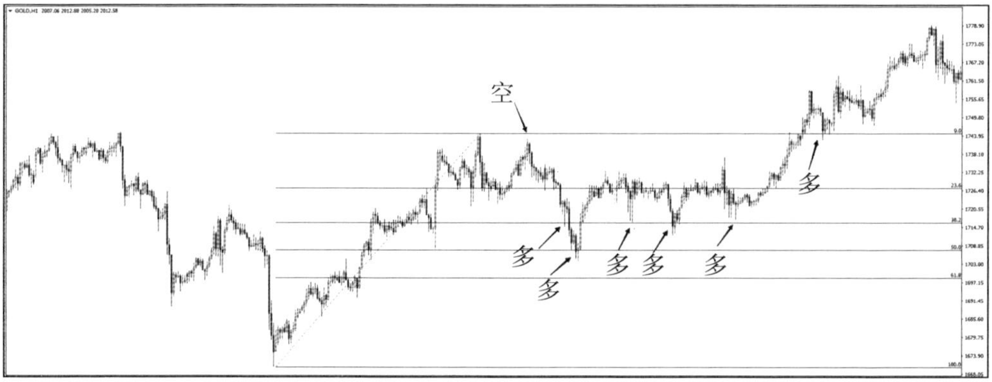

图3-27

如图3-27所示，价格跌破上升趋势线之后，震荡上涨至高位附近，这个时候也是黄金分割0水平线附近，因为我们在跌破上升趋势线的时候就判断趋势要转为下跌，所以可以在此位置做空。

行情属于二次探顶下跌，所以给了交易者不少利润。注意，这个做空理由是价格在0线以下，0线对价格上涨有压力。价格跌破上升趋势线的时候，已经预测到行情要回调下跌，所以这个时候不能马后炮式地分析，认为行情又上去了，不应该看空。记住：任何时候分析都要客观。

可以在0.382和0.5处分别做多，等行情再度回撤到0.382后，继续做多。最后行情继续上涨，冲破0水平线，这时候0水平线就变成了支撑，此时再次做多，随后行情继续上涨，可以稳稳地获利。

综上所述，依据黄金分割线，我们做了多次多空操作，都是精准获利，所以，很多人说黄金分割法是马后炮，其实是自己没有学精。实战中，我们要客观地理解交易方法，遵守交易规则，交易规则要求我们怎么做，我们就怎么做，自然能获得较好的结果。

3.4　神奇正反合体战法

正反指标神奇合体是指将两个互补的指标结合起来使用，往往能达到神奇的效果。

大家都知道，交易分析工具可分为技术分析工具和基本面分析工具，就技术面来说，也可以划分出很多不同的派别。一般来说，按约定俗成，技术分析工具主要有五类：指标派、切线派、形态派、K线派和波浪派。

指标派是经过统计价量等历史资料，考虑市场行为的各个方面，依据一定的数理统计方法，运用一些复杂的计算公式，来判断市场走势的量化分析方法。指标如同一个函数，指标的数值能够体现市场的某个方面，指标值的具体数值和相互间的关系直接反映市场所处的状态。另外，指标反映的内容大多是行情报表中无法直接看到的，因此指标比行情报表更直观，能更方便地为交易操作指引方向。

目前市场上通用的技术指标非常多，例如随机指标（KD）、平滑异同移动平均线（MACD）、相对强弱指标（RSI）、趋向指标（DMI）、能量潮（OBV）、心理线（PSY）、乖离率（BIAS）、顺势指标（CCI）、平均趋向指标（ADX）等。这些都是著名的技术指标，受到很多投资者的喜爱。

指标可以分为很多种，有“大势型”“超买超卖型”“趋势型”“能量型”“成交量型”“均线型”“图表型”“选股型”“路径型”“停损型”十大类型。接下来要讲的就是“超买超卖型”指标KD和“趋势型”指标MACD。

3.4.1 KD指标

KD指标，以最高价、最低价及收盘价为基本数据进行计算，得出的K值和D值分别在坐标上形成一个点，连接无数个这样的点，就形成了一个完整的、能够反映价格波动趋势的KD指标。

KD指标主要利用价格波动的真实波幅来反映价格走势的强弱和超买超卖现象，在价格尚未上升或下降之前发出买卖信号。KD指标又称随机指标（Stochastic Oscillator），因为KD线具有随机波动的概念。

KD指标在设计过程中主要研究最高价、最低价和收盘价之间的关系，同时也融合了动量概念、强弱指标和移动平均线的一些优点，故其对于短期的预测功能比移动平均线更加准确有效，在市场短期超买超卖的预测方面又比相对强弱指标敏感。KD指标往往能够比较迅速、快捷、直观地判断行情，因此，它被日内短线交易者广泛采用。KD指标常用的参数是“9，3，3”。

图3-28为国际黄金1小时级别K线图，时间跨度为2020年6月16日到2020年7月10日。图中箭头指向的就是KD指标。

图3-28

下面是KD指标的使用规则。

（1）上涨趋势中，KD值在20以下，K线向上突破D线时，出现黄金交叉，为做多信号。指标曲线呈多头排列向上发散时，显示当前为强势多头市场，多头可放心持有。

图3-29为国际黄金1小时级别K线图，时间跨度为2020年6月16日到2020年7月10日。从图中可知，KD值在20下方，K线向上突破D线，形成金叉，此时金价开始起涨，随后KD向上强势发散，金价也快速暴涨。

图3-29

（2）下跌趋势中，KD值在80以上，K线向下跌破D线时，出现死亡交叉，为做空信号。指标曲线呈空头排列向下发散时，显示当前是强势空头市场，空头可以放心持有。

图3-30为国际黄金1小时级别K线图，时间跨度为2020年6月16日到2020年7月10日。从图中可知，KD值在80上方，K线向下突破D线，形成死叉，此时金价快速跳水。随后KD向下发散，金价也持续震荡下行。

图3-30

3.4.2 MACD指标

MACD指数称为平滑异同移动平均线，是一种经典的“趋势型”指标。该指标由长期均线DEA、短期均线DIF、红色能量柱（多头）、绿色能量柱（空头）、0轴（多空分界线）五部分组成。DIF线是收盘价短期、长期指数平滑移动平均线间的差，DEA线是DIF线的M日指数平滑移动平均线，MACD线是DIF线与DEA线之间的差值，即彩色柱状图。彩色柱状图在0轴以下是绿色，在0轴以上是红色。指标参数一般默认的设置为“12，26，9”。

我们常用的MACD指标的0轴实则是60日均线。60日均线是明确市场中期反转趋势指标，称为决策线。升破和跌破该均线，都代表一波牛市或熊市将要到来。所以，MACD在0轴下方代表趋势较弱，属于空头市场；MACD在0轴上方代表趋势较强，属于多头市场。

图3-31为国际黄金1小时级别K线图，时间跨度为2020年6月16日到2020年7月10日。图中箭头所指就是MACD指标。

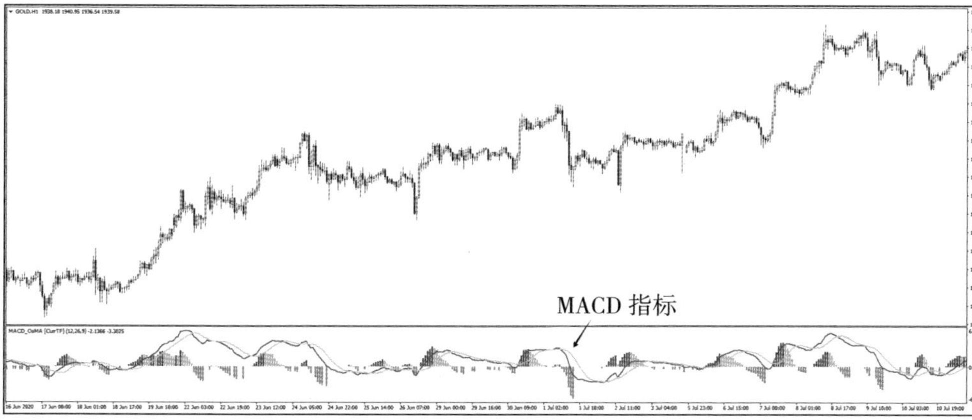

图3-31

MACD是一项利用短期指数平均数指标与长期指数平均数指标之间的聚合与分离状况，对买进、卖出时机做出研判的技术指标。根据移动平均线原理发展出来的MACD指标，一来克服了移动平均线假信号频繁的缺陷，二来能确保移动平均线最大的战果。

下面是MACD的使用规则。

（1）在空头市场（0轴之下），DIF向下穿越DEA时，出现死亡交叉，为做空信号。

（2）在多头市场（0轴之上），DIF向上穿越DEA时，出现黄金交叉，为做多信号。

图3-32为国际黄金1小时级别K线图，时间跨度为2020年6月16日到2020年7月10日。当MACD在0轴下方，DIF向下穿越DEA时，出现死亡

交叉，黄金价格也随之快速下跌；当MACD在0轴上方，DIF向上穿越DEA时，出现黄金交叉，同时黄金价格也震荡上扬。

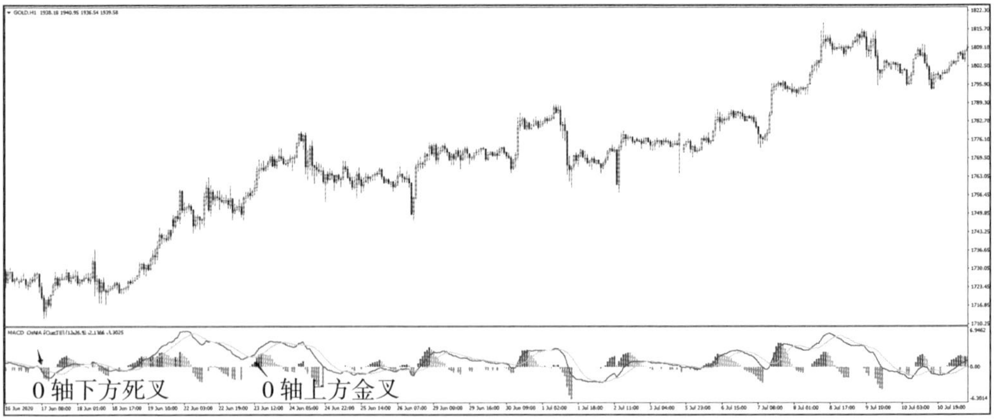

图3-32

3.4.3 KD和MACD的优缺点

由于从网上获取信息快捷，信息传播速度快，再加上辅助软件分析带来的便利，使得越来越多的投资者更加偏爱技术面分析，并且指标学起来非常简单，尤其对新手来说，在开始交易的时候，都会高度依赖技术指标。在技术指标中，最受投资者欢迎的就是KD和MACD两个指标，一方面是因为它们能非常直观地表现市场，另一方面是学习和使用非常简单、方便，投资者很容易懂和使用。

摆动指标KD具有超前性，灵敏度高，震荡行情中指导交易胜率较高，所以对于短线操作比较适合。MACD稳定性好，能很好地预示行情的趋势方向，在趋势行情中指导交易胜率较高，所以对于中期操作比较适用。

技术指标是根据价格统计出来的，有了价格之后才会有技术指标，因此技术指标都有无法避免的滞后性。也就是说，技术指标的变化和发出的买卖信号，是行情反映到指标中的数值，也是行情的事后变化。如果行情不发生变化，指标也不会显示和发出信号。很多时候在此刻发出的是买进信号，下一刻有可能发出卖出信号，因此，技术指标的变化和发出的买卖信号仍然具有随机性。也就是说，技术指标反映的是行情的过去，依据对过去行情的经验来预测未来行情走势的可能性。

相对于KD指标而言，MACD的滞后性更明显，当一两天内涨跌幅度特别大时，MACD来不及反应，因为MACD的移动相当缓和，与行情的移动相比有一定的时差，所以一旦行情迅速大幅涨跌，MACD不会立即发出信号，此时，MACD将无法提供及时的买卖信号。

图3-33为国际黄金1小时级别K线图，时间跨度为2020年6月16日到2020年7月10日。当MACD在空头市场确认死叉后进场做空，此时行情已经走了一大半，严重挤压了获利空间；当MACD在多头市场确认金叉后进场做多，此时行情已经接近尾声，获利空间非常有限。

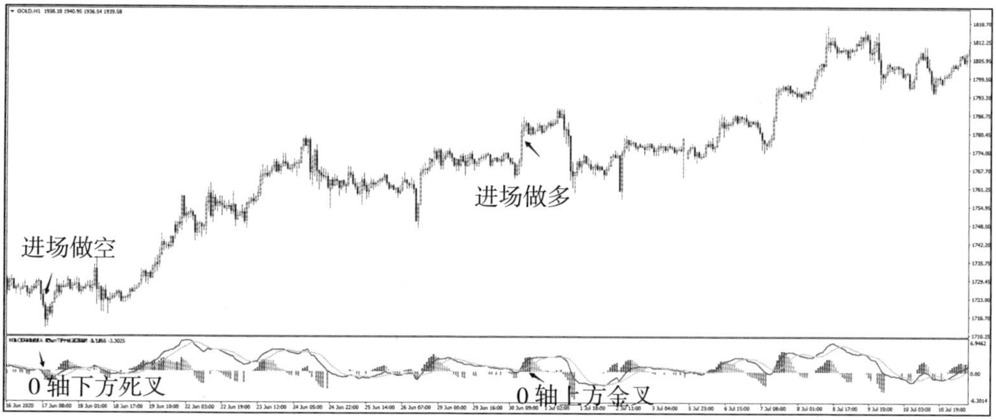

图3-33

其实MACD最大的缺点是其固有的滞后性，当依据指标金叉或者死叉信号进场之后，行情立即反转被套在天花板或地板的情况很多。

图3-34为国际黄金1小时级别K线图，时间跨度为2020年6月16日到2020年7月10日。当MACD指标在多头市场确认金叉后进场做多，此时行情

立即转势下跌，交易者只能在高位站岗；当MACD在空头市场确认死叉后进场做空，此时行情快速掉头暴涨，杀空杀到了地板价，如果反应慢一点儿，来不及止损，就会产生巨大损失。

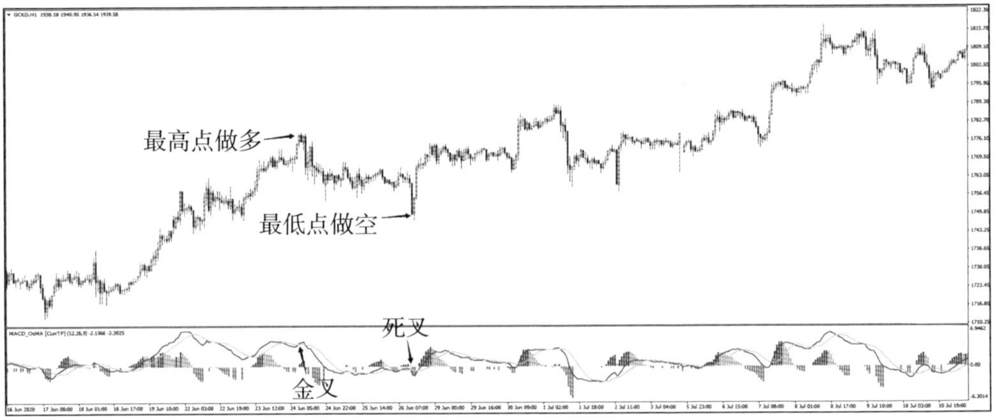

图3-34

很多技术指标容易产生钝化，常发出一些错误的买卖信号。市场上不少错误的反转信号都是因为技术指标的钝化造成的，特别是行情持续发生顶背离或底背离时，指标的灵敏度和可靠度会变得非常差。

相对于MACD而言，在运用KD指标时，当价格强势单边运行的时候，KD指标往往无效。另外，由于它是超买超卖指标，所以总给人一种价格将会下跌的假象，诱使投资者逆势抗单，极易导致爆仓。

图3-35为国际黄金1小时级别K线图，时间跨度为2020年6月16日到2020年7月10日。此时行情处于强势上涨中，KD指标虽然在80线上方发出了明显的做空信号，并且KD向下强势发散，但是行情几乎没下跌，小幅震荡之后再度暴涨。这个时候KD指标死叉向下发散，如此强烈的看空信号，极易诱发投资者抗单，甚至不断加仓做空，最终导致爆仓，产生巨大的损失。

其实KD指标最大的痛点是价格短期波动剧烈或者瞬间行情涨跌幅

度太大时，KD值容易高位钝化或低位钝化，导致持续发出错误的买卖信号。

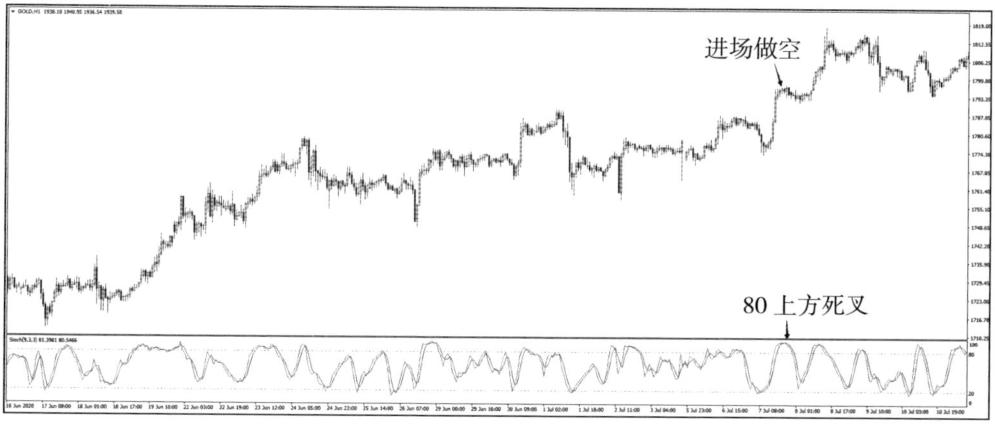

图3-35

图3-36为国际黄金1小时级别K线图，时间跨度为2020年6月16日到2020年7月10日。此时行情上涨不是很快，但是一直在震荡上涨，导致指标出现超买，高位钝化。行情震荡的时候，指标小幅修复，使得频繁出现虚假信号，依据指标操作，会导致投资者持续亏损。很多人都是受到这样的伤害之后，再也不信任KD指标了。

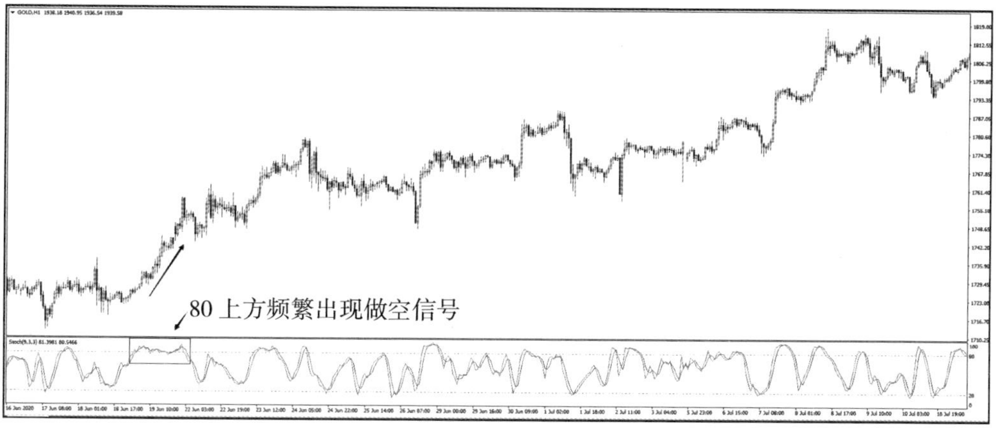

图3-36

每一种技术指标都是局部的和片面的指标。指标所选的每一个参数和变量，只能反映行情局部的走势，不能真实、全面地反映市场的资金面、基本面、技术面、政策面和投机操作手法。

3.4.4 神奇正反合体战法应用

每一个技术指标都有不同的分析角度和侧重点，也都有自身的弱点和缺陷。因此，孤立地使用某一种指标，会有很大的盲目性和局限性，直接后果是判断失误，投资失败。对于一个依据指标操作的交易者来说，应掌握多种技术指标，综合考察，多角度思考，发挥多种技术指标的优势，这样才能立于不败之地。

比如MACD指标对震荡走势有盲区，KD指标对单边式轧空行情有钝化盲区。KD提供的买卖信号比较频繁，像个无头苍蝇一样乱飞，依据该指标操作很容易亏损，而MACD提供的信号过于滞后，依据这些单一指标操作都会导致错误率增加。投资者依据单一指标的交叉突破点来决定投资策略，实战中存在较大的风险。通过前面的介绍，可以看到KD指标的缺点正是MACD指标的优点，KD指标的优点正是MACD指标的缺点，二者几乎是完美的互补关系。如果将KD指标与MACD指标一起使用，当两个指标产生共振，就能剔除它们各自的缺点，保留各自的优势，这样交易胜率会得到极大提升。

图3-37为国际黄金1小时级别K线图，时间跨度为2020年6月16日到2020年7月10日。图中展示的就是KD指标和MACD指标。

神奇正反合体是指同时使用KD指标和MACD指标作为短线交易的依据，用MACD指标对KD指标发出的短线交易信号进行筛选和限制，其中MACD是KD的指示性指标，KD是MACD的先行指标，这样可以大大提高交易的胜率。这么做的原因有以下两点。

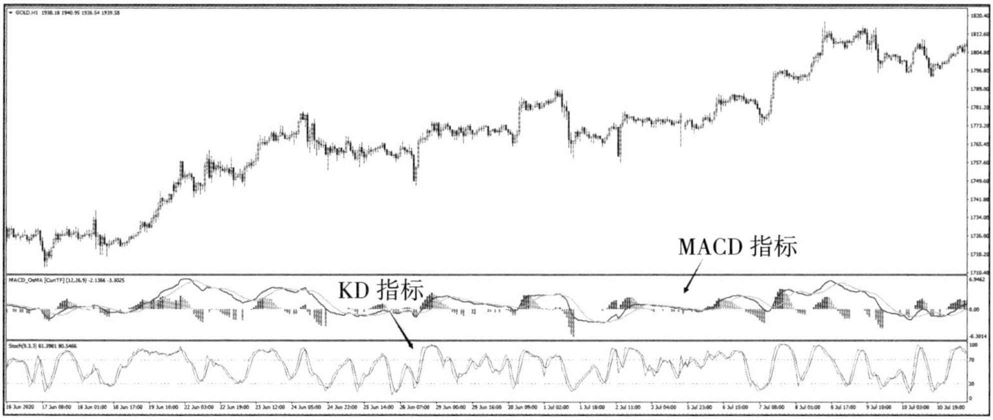

图3-37

（1）MACD指示市场趋势方向。趋势是市场交易的核心，如果趋势判断对了，那么就可以提升交易系统获胜的概率，这样可以有效过滤KD指标由于反应速度较快而频繁发出的错误信号。

（2）借助KD的灵敏性，减少MACD指标滞后所发出的错误信号，同时扩大短线获利的空间。

神奇正反合体战法属于强化版指标战法，加入MACD指标作为限制的话，能进行交易的KD信号不多。根据经验，以30线和70线作为进场依据，能较好地避开KD错误信号，保持交易稳健的同时让利润实现最大化。

神奇正反合体战法交易规则如下。

（1）当MACD处于多头市场，KD值在30附近向上穿越形成金叉时，为做多信号，KD出现做空信号时忽略。

（2）当MACD处于空头市场，KD值在70附近向下穿越形成死叉时，为做空信号，KD出现做多信号时忽略。

图3-38为国际黄金1小时级别K线图，时间跨度为2020年6月16日到2020年7月10日。

图3-38中方框内的MACD显示行情处于空头市场，表明行情属于弱势，

这时MACD死叉，同时KD在70上方，K线向下穿越D线形成了死叉，因此指标意义为：在弱势空头市场，MACD和KD同时形成死叉，信号共振，这时获利概率大大增加。从图中可以看出，随后行情快速跳水，依据死叉共振做空可快速获利。

图3-38

图3-39为国际黄金1小时级别K线图，时间跨度为2020年6月16日到2020年7月10日。虽然KD在70上方死叉，但是此时MACD显示行情属于多头市场，按照神奇正反合体战法不能做空，随后的行情也是震荡上涨，依据该战法，可以完美地避开错误的交易信号。

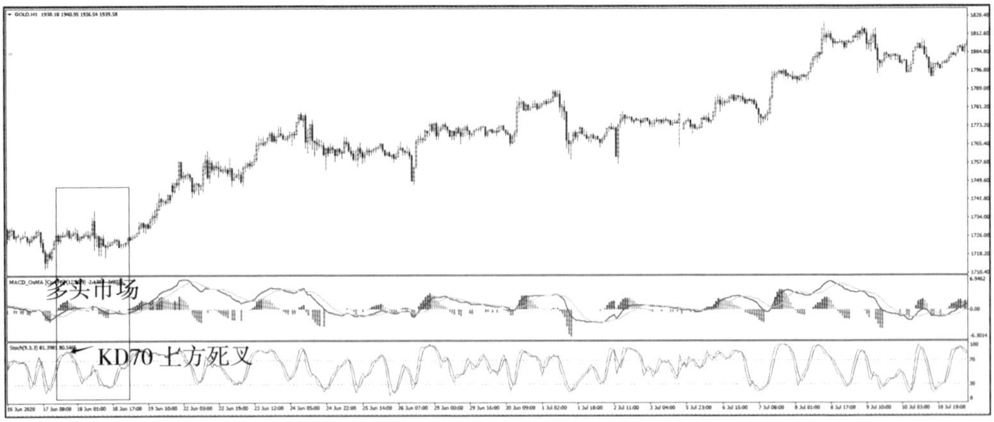

图3-39

图3-40为国际黄金1小时级别K线图，时间跨度为2020年6月16日到2020年7月10日。虽然KD在70上方反复死叉，但是此时MACD显示行情处在多头市场，按照神奇正反合体战法不能做空，随后的行情也是持续上涨，依据该战法再次完美地避开KD指标最大的痛点。

图3-40

图3-41为国际黄金1小时级别K线图，时间跨度为2020年6月16日到2020年7月10日。虽然KD在30上方反复死叉，但是两次出现金叉，此时MACD显示行情处在多头市场，按照神奇正反合体战法，直接做多，随后的两次行情也都是上涨，多头交易完美获利。

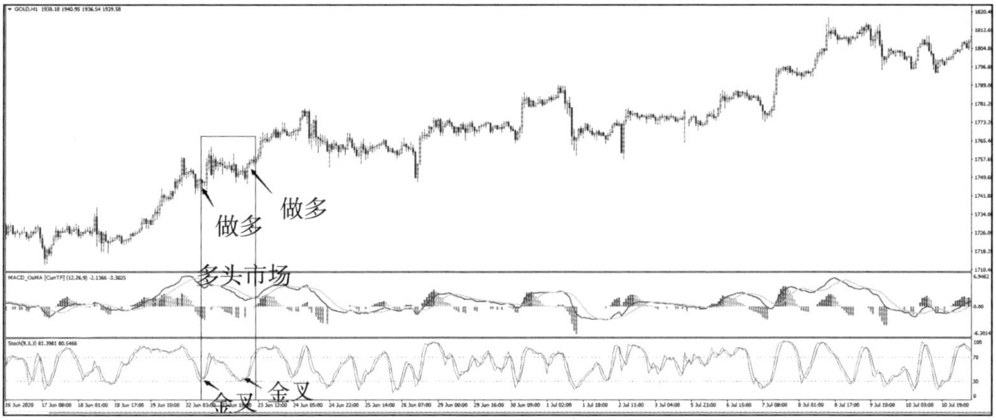

图3-41

图3-42为国际黄金1小时级别K线图，时间跨度为2020年6月16日到2020年7月10日。MACD显示行情处在多头市场，一次MACD金叉做多可以获利，但三次KD空头信号应忽略。虽然有一次KD空头信号入场交易可以获利，但是其余两次都是亏损的。

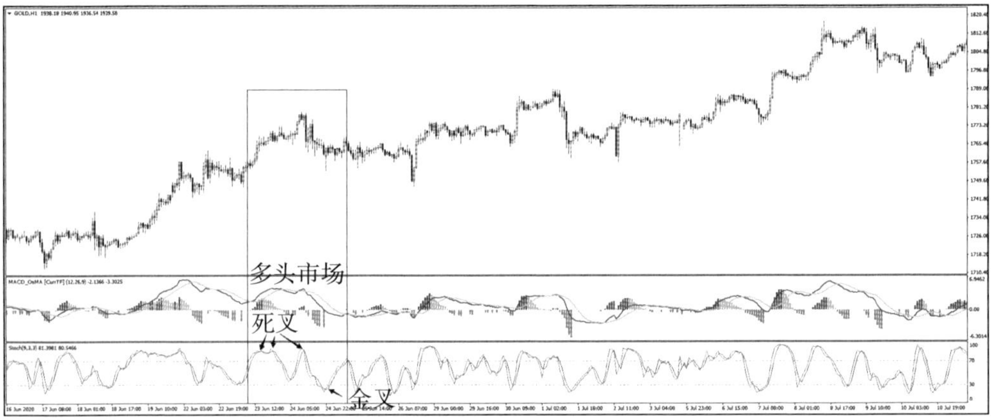

图3-42

由此可以看出，KD指标和MACD指标一起使用时，也会错过获利信号，但是能避开更多的亏损交易，保留下来的基本都是盈利的交易。这样操作虽然交易次数减少了，但是胜率会得到极大提升。

图3-43为国际黄金1小时级别K线图，时间跨度为2020年6月16日到2020年7月10日。MACD显示行情处在空头市场，此时KD金叉多头信号应全部忽略，三次死叉空头信号入场交易则全部获利。

图3-44为国际黄金1小时级别K线图，时间跨度为2020年6月16日到2020年7月10日。遵循神奇正反合体战法交易规则，MACD显示行情处在多头市场，只做KD指标在30下方的金叉信号，任何死叉信号都忽略；MACD显示行情处在空头市场，只做KD指标在70上方的死叉信号，任何金叉信号都忽略。这样几乎避开了所有的错误交易信号，依据共振信号交易几乎全部都能获利。

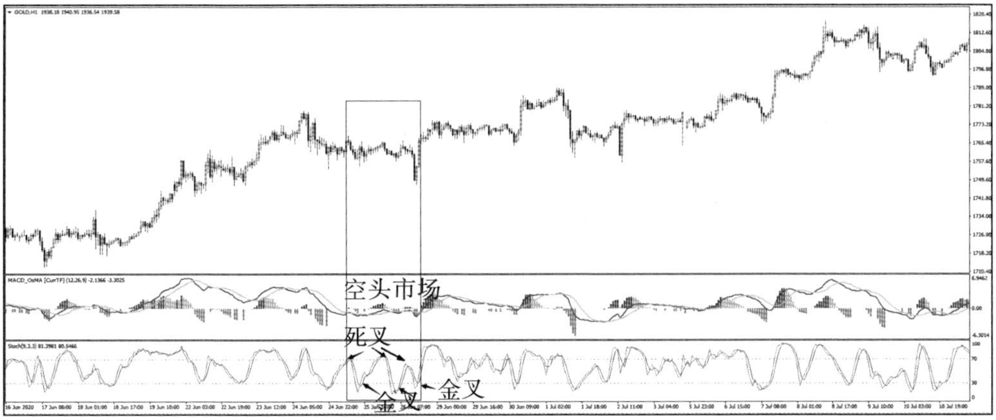

图3–43

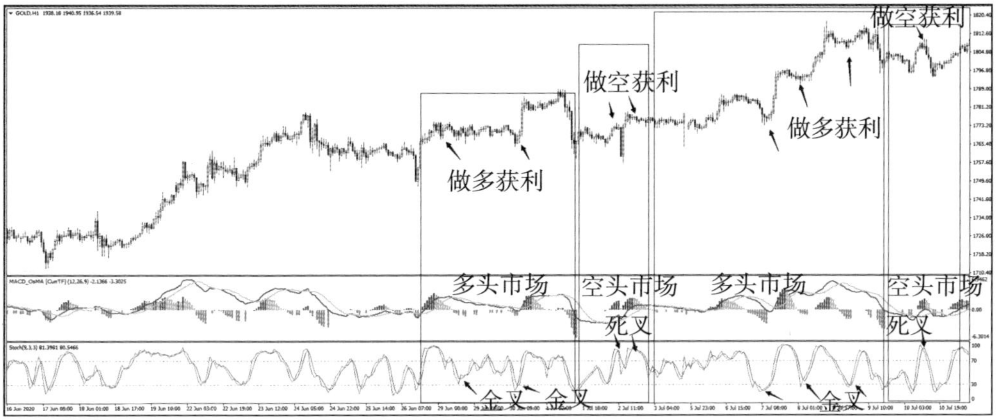

图3–44

在2020年6月16日到2020年7月10日的国际黄金1小时行情中，采用神奇正反合体战法，总共有15次交易信号，令人惊奇的是，15次全部获利，几乎所有KD指标和MACD指标的错误信号全部都被过滤掉了。

由于KD指标适合震荡行情，MACD指标适合趋势行情，在无法提前知晓行情是震荡还是单边走势时，孤立地使用KD和MACD指标的话，它们都是非常平庸的，盈利效果比较差。但是它们一旦结合使用，立刻变废为宝，可以让原本平庸的KD和MACD指标，直接组合成为高胜率的交易方法。

3.5 布林带之撒手锏战法

布林带之撒手锏是指根据布林带三条轨道线的助涨助跌作用，从数字运动规律上总结出的一种高胜率的交易方法。

3.5.1 布林带定义

布林带又叫保利加通道，是根据统计学中的标准差原理设计出来的一种非常实用的技术指标。其利用统计原理，求出价格的标准差及其信赖区间，从而确定价格的波动范围及未来走势。它由三条轨道线组成，分别称为布林上轨、布林中轨和布林下轨。其中上下两条线分别可以看成是价格的压力线和支撑线，在两条线之间是一条价格平均线，大部分价格线能落在布林带之内。布林带指标的参数一般设置为（20，2）。

图3-45为国际黄金1小时级别K线图，时间跨度为2020年8月7日到2020年8月20日。

图3-45

通常使用的布林带中，布林中轨是20日均线。20日均线又称万能均线，能真实地反映中短期的价格趋势，所以价格在中轨之上，表示短期强势；价格在中轨之下，表示短期弱势，对于短线交易具有很好的指示作用。

布林带的位置和形状会随着价格的变化而改变。布林带的宽窄随着价格波动幅度的大小而变化，价格涨跌幅度加大且出现单边行情时，带状区开口变宽；涨跌幅度狭小，行情处于盘整时，带状区则变窄走平。

图3-46为国际黄金1小时级别K线图，时间跨度为2020年8月4日到2020年8月17日。

图3-46

3.5.2 布林带用法

布林带用法很多，高达几十种，但是大多数用法在分析的时候很牵强，也就是分析的时候可能是对的，但是使用的时候则错误百出，也就是俗称的“马后炮”。

图3-47为国际黄金1小时级别K线图，时间跨度为2020年8月7日到2020年8月20日。根据布林带上下轨的压力支撑作用，新手在分析的时候，可能

会主观地认为在A点做空和B点做多可以完美获利，因此认为布林带是“神仙”交易方法，但是他们完全忽略了C点做空和D点做多是亏损的。

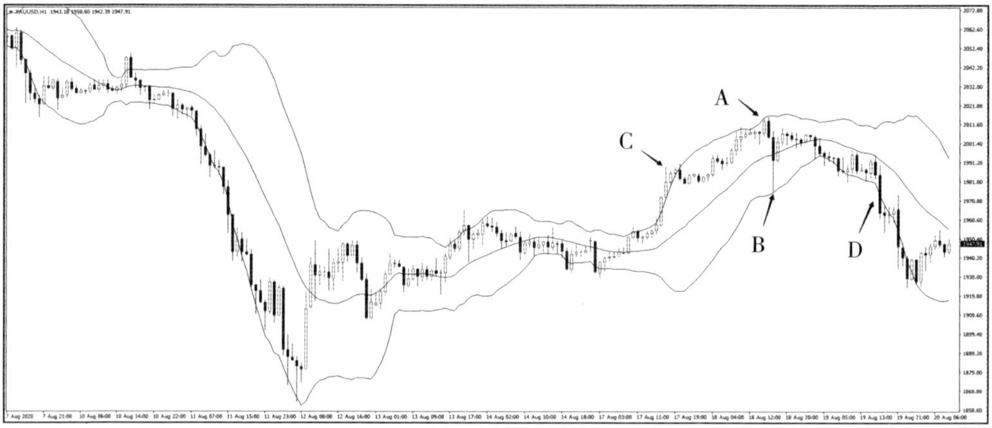

图3-47

虽然布林带交易方法很多，但是对其进行归类后，可以总结出以下两种用法。

1. 震荡用法

当布林带变窄走平时，布林带上轨为做空信号，下轨为做多信号。

图3-48为国际黄金1小时级别K线图，时间跨度为2020年7月7日到

图3-48

2020年7月17日。如图中箭头所示，上下轨区域的布林带是走平的，因此采用上轨做空和下轨做多都能精准获利。

2. 趋势用法

当布林带开口时，向上开口为做多信号，向下开口为做空信号。

图3-49为国际黄金1小时级别K线图，时间跨度为2020年8月7日到2020年8月20日。如图中所示，当布林带向上或者向下开口时，顺势跟进都能轻松获利。

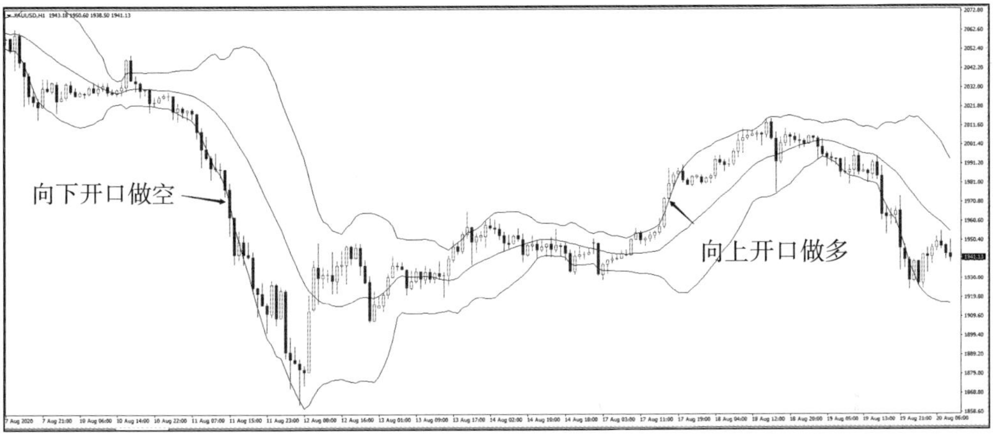

图3-49

3.5.3 布林带之撒手锏战法应用

布林带的本质属于均线，所以能够指示趋势行情，但是上下轨又给价格限定了一个可能运行的区间，所以它也能很好地预示震荡行情。但是布林带的用法过于杂乱，而且每种用法都有条件。在震荡行情中，采用震荡用法比较好；在趋势行情时，采用趋势用法比较好。

对于使用布林带指导交易的投资者，最大的痛点是不知道何时行情开始震荡，何时行情开始走单边，这一刻行情波动小，使得布林带走平，下一刻行情就可能暴涨暴跌，带动布林带开口走单边走势。所以布林带的两种方法交易，需要原有趋势能持续运行一段时间。但行情往往都是瞬息万变的，这就使得该指标使用起来非常不便，极容易爆仓或者触发止损。

1. 布林带指标导致亏损概率增加的情况

（1）布林带刚走平又立即开口。

图3-50为国际黄金1小时级别K线图，时间跨度为2020年8月7日到2020年8月20日。当按照之前的布林带战法判断行情可能为震荡而进行上下轨多空操作时，行情随即发生了转变，带动布林带开口，导致交易发生亏损，这种情况是无法提前避开的。

图3-50

（2）无法预测单边行情中开口的布林带什么时候走平。

图3-51为国际黄金1小时级别K线图，时间跨度为2020年8月7日到2020年8月20日。当按照之前开口的布林带顺势跟进时，很可能做到地板空或者天花板多而导致亏损。

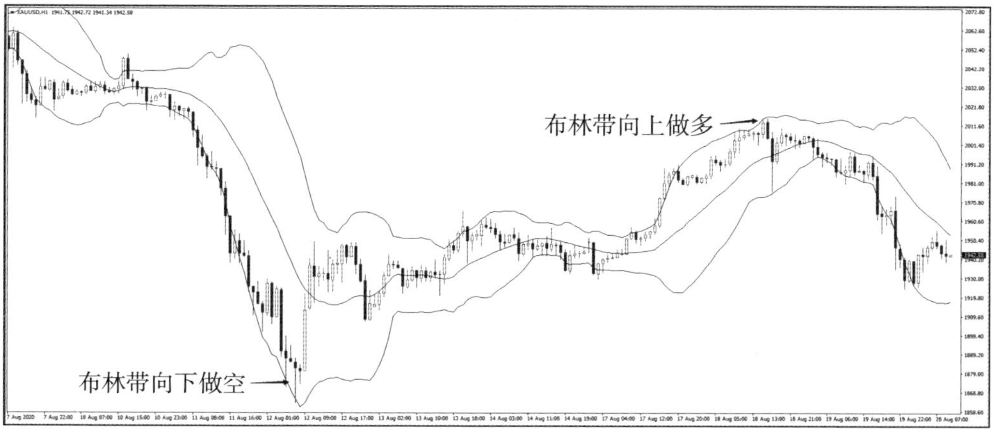

图3-51

（3）虚假信号也会导致判断错误。

图3-52为国际黄金1小时级别K线图，时间跨度为2020年8月7日到2020年8月20日。当行情刚刚突破布林带时，可能价格立即又被打回去，形成虚破，而采取顺势跟进法交易的时候，又容易被行情左右打脸。

图3-52

使用布林带指标的投资者很多，有用它做趋势行情的，也有用它做震荡行情的。使用它做趋势行情，交易者总是被频繁打脸。使用它做震荡行情，虽然震荡经常多次小赚，但只要出现单边行情就会爆仓，导致前几次交易获得的利润尽数回吐。所以，使用布林带做交易能稳定盈利的交易者可以说是凤毛麟角，产生这一结果的根本原因，在于我们无法提前知晓行情趋势。

也有很多投资者抱怨：如果能提前知道趋势，即使不用布林带指导交易，甚至不用任何技术都能100%赚钱，所以这个指标毫无用处，完全可以放弃。

其实每一种技术指标都有很多种交易方法，也有概率相对较高的交易方法，比如黄金分割线的0.618战法、MACD指标的二次金叉战法等。就像一门武学一样，往往是一招致胜，其他招数可能并不管用，所以在使用技术指标的时候，不要什么方法都拿来用，要总结出该指标最有效的一种交易方法，这样才能大大提升盈利能力。布林带指标也是如此，虽然布林带大部分交易方法都需要前提条件，但是仍然有一个交易绝招更具客观性，不需要附带前提条件，胜率极高。

2. 布林带之撒手锏战法操作要点

布林带开口的时候，当上中下三轨朝上，由于布林带三线本质上都是均线，根据数字运动规律，后市行情几乎一定会被成本推动而上涨，就算不涨也会有一定的反弹空间。同理，当上中下三轨朝下，后市行情几乎一定会被成本推动而下，就算不大幅下跌，也会有一定的回调空间。所以，当布林带三轨全部同向的时候，行情就会有一定的持续性，如果知道依据布林带交易的前提条件，就可以客观地指导我们去做交易并获利。

布林带之撒手锏战法的交易规则是：当上中下三轨朝上时，回调至中轨做多；当上中下三轨朝下时，反弹到中轨做空。

图3-53为国际黄金1小时级别K线图，时间跨度为2020年5月18日到2020年5月29日。布林带三轨全部朝下，价格反弹到中轨的时候直接开仓做

空，之后行情快速暴跌。

图3–53

注意：布林带需要明显朝下，朝下的斜率越大越好，斜率有多大，盈利能力就有多大。

图3-54为国际黄金1小时级别K线图，时间跨度为2020年6月15日到2020年6月26日。布林带三轨全部朝上，价格回调到中轨的时候直接开仓做多，行情稍做震荡后直线拉升。

图3–54

注意：布林带需要明显朝上，朝上的斜率越大越好，斜率有多大，盈利能力就有多大。

布林带之撒手锏战法中，只要三轨明显同向，据此交易盈利能力会非常高，而且盈利速度也很快。虽然这种情况出现的机会少，但是只要出现，可以说鲜有亏损。有一种情况例外，即当在中轨做多或者做空时，如果行情只是小幅震荡，没有太大的利润空间。入场后，如果价格持续在中轨附近震荡，那么这个时候就要注意布林带三轨的方向变化，如果三轨方向不在同一方向，就会改变成本推动方向，此时要特别注意，需及时移动止损到保本或者稍有利润就出场。

图3-55为国际黄金1小时级别K线图，时间跨度为2020年6月24日到2020年7月7日。图中布林带上轨朝上，当在中轨做多的时候，价格虽有小幅反弹，但是始终在中轨附近震荡，这样就会把布林带的下轨拉下来，从而难以从运动规律去判断后市价格走向，这时候就要及时移动止损到保本，以规避这种例外情况。

图3-55

3.6 AE战法

3.6.1 AE战法定义

AE中的“A”是ADP（小非农）的首字母，“E”是Expect（预期）的首字母，所以这里把“小非农预期交易法”简称为AE战法。

AE战法是根据ADP数据对大非农的前瞻性指引所产生的预期对金价的影响，并结合控制点等技术指标形成的一种以基本面为主导的交易方法。

从定义中可以得知，AE战法主要应用于小非农公布后和大非农公布前的一段行情。

3.6.2 AE战法四大原理

- 前瞻指引
- 预期金融
- 相反理论
- 控制点理论

1. 前瞻指引

ADP就业人数俗称“小非农”，是美国劳工部发布非农数据之前公布的私营部门非农数据。非农数据（Non-farm Payrolls）又称就业形势报告、非农就业报告等，是反映美国非农业人口就业状况的一个数据指标。ADP就业人数通常被看作非农数据的先行指标，二者有很强的正相关性，很多投资者以此作为交易依据。

图3-56为2001年到2013年美国ADP就业人数和非农就业人口数据对比走势图。从图中可以看出，小非农和大非农呈高度正相关关系。

图3-56

若ADP就业数据向好，投资者对周五非农就业数据的乐观预期将会提振美元，打压黄金；反之，若ADP就业数据表现差劲，投资者对周五非农就业数据将会悲观，打压美元，支撑黄金。可以说小非农是大非农的一次预演。

2. 预期金融

金融永远由预期主导，所以才会经常出现数据利多而行情下跌或者数据利空而行情上涨的现象。作为普通散户，永远只看现实，依据现实去做决策，但是真正的市场往往会提前反应。消息没公布的时候，行情可能就已经走完了，这就是市场中经常所说的“买预期，卖事实”的依据所在。

在ADP数据公布之后，如果ADP利多，那么在大非农数据公布之前，根据ADP的前瞻指引性，市场会有一个认为大非农数据也会利多的预期，那么市场就有预期动力将行情往上推。反之，如果ADP数据利空，那么市场就会有预期动力将行情往下压。

3. 相反理论

站在机构的角度来看，当ADP数据利多的时候，如果机构通过调查、分析、统计得出大非农数据也可能利多，那么机构会计划做多非农行情，在ADP数据公布后到大非农数据公布前的一段时间，机构就要清理散户，把行情价格往下打，这样做有以下两个好处。

第一，散户一般都是非理性的，当他们看到数据利多，但是行情反向下跌，就会看不懂或者恐慌轧平多头，这样就达到了清理散户的目的。如果ADP数据利多，行情价格也上涨的话，那么散户就会赚得很舒服，并且认为自己判断对了，很自信，因为有浮盈。晚上大非农数据公布的时候，就难以把他们清理出场。

第二，行情价格先往下打，可以降低机构持仓成本，获利更多。

这就是机构行为：标准的AE行情中，ADP数据利多，但是行情反向下跌，或者ADP数据利空，行情反向上涨。散户在这个时候反而应该反向操作，这样刚好站在了机构这一边，可以非常轻松稳健地获利。

4. 控制点理论

有了反向操作思维之后，在哪个位置去反向介入就很重要了。下面先来介绍一下AE理论中重要的控制点理论。

控制点是芝加哥期货交易市场概况这个指标上的旗形的顶点，即成交最为密集的地方，交易者在这个价格点上能轻松交易。

大家知道，金融市场价格的运行是投资者交易行为的结果。人们往往喜欢朝着最舒适的方向交易，金融市场有一句话与之对应：价格往往会朝着阻力最小的方向运行。比如，当某一家首饰店的珠宝质量好，价格又实惠，人们就倾向于去该门店消费。与此相同，当交易者认为某一点的价格觉得很合理的话，市场就会在该位置畅通无阻地成交，这样就形成了控制点。

控制点具有价格吸引子作用，当价格再次抵达控制点的时候，交易者认为这是最合理的价格，就会将价格维持在该价位运行，价格也会在控制点位置受阻。

（1）原始控制点。原始控制点是指市场未曾触及或者未曾再次抵达的控制点。

从哲学上讲，人们是通过普遍现象来认知事物的。当人们第一次认知某个事物时，往往是难以接受的。但是随着认知的次数增多，就会越来越接受。比如，老一辈人很反感电脑，我第一次教爸爸用电脑的时候，他就特别抵触。但是为了方便他的生活，给他的老年生活带来乐趣，我多次指导他，现在他已经完全迈进多彩多姿的电脑世界之中。

原始控制点也是一样，作为未曾触及的控制点，当它第一次被触及的时候，阻力是非常强大的，回档的概率也非常高。因此，原始控制点的威力远远大于常规控制点，它既是强大的价格吸引子，也是强大的阻力点。

（2）控制线。画一条穿过价位最多的直线，这条直线就是控制线，控制线上对应的点位为控制点。价格第一次触及控制线的点为原始控制点，非第一次触及控制线的点为常规控制点。

图3-57为国际黄金5分钟级别K线图，时间跨度为2020年10月27日到2020年10月29日。在圆圈所示价格区域穿过最多的价位画一条直线，即可得到一条控制线，控制线上的点都称为控制点，但是第一次抵达控制线的点被称为原始控制点。

从图3-57中可以看到，价格触及原始控制点的时候立即回落暴跌，说明原始控制点的威力非常强大。

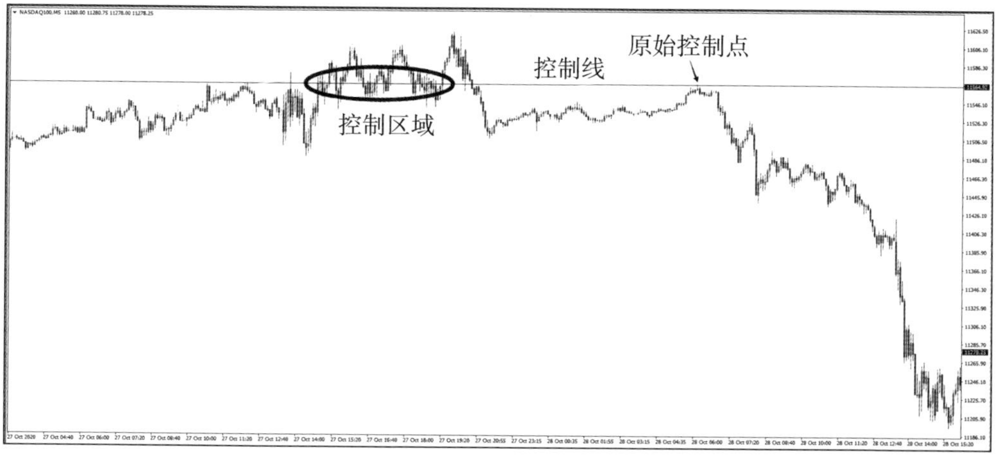

图3-57

3.6.3　AE战法应用

AE战法分两种情况：一种是标准AE行情，另一种是非标准AE行情。如果是标准的AE行情，盈利概率极高，但是大部分行情都是非标准的。

标准AE行情：小非农数据公布后，行情走势和小非农数据指示的方向相反，那么可以在控制线处（如果是原始控制点，那么盈利的可能性更大），顺着小非农数据指示的方向入场交易。因为大非农数据大概率和小非农数据方向一致（二者呈高度正相关关系），根据预期理论，很可能在大非农数据公布前，市场预期压力会对价格产生影响，此时顺着小非农数据指示的方向做交易，盈利能力非常强。

图3-58为2020年9月30日公布的小非农数据。前值42.8 < 预期值65 < 公

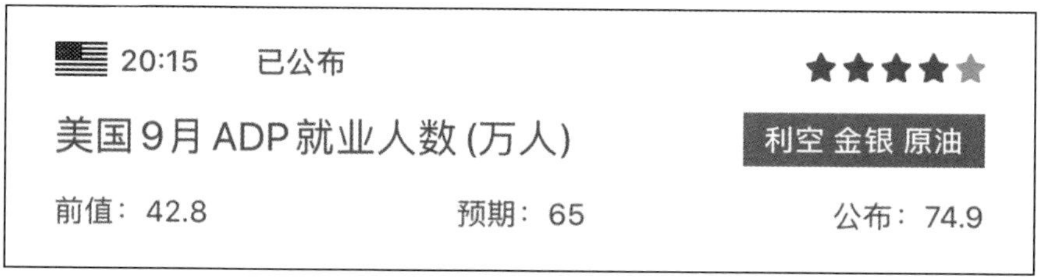

图3-58

布值74.9，根据《玩转大非农——黄金、外汇、原油非农行情实战技法》一书中讲解的“析金法”，可判断小非农数据大幅利空黄金。

图3-59为国际黄金5分钟级别K线图，时间跨度为2020年9月29日到2020年10月1日。美国公布小非农数据后，小非农数据大幅利空，黄金却反向上涨（这是一个标准的AE战法行情），根据AE理论，原始控制点此时出现做空信号，宜反向做空，随后黄金价格快速大跌。

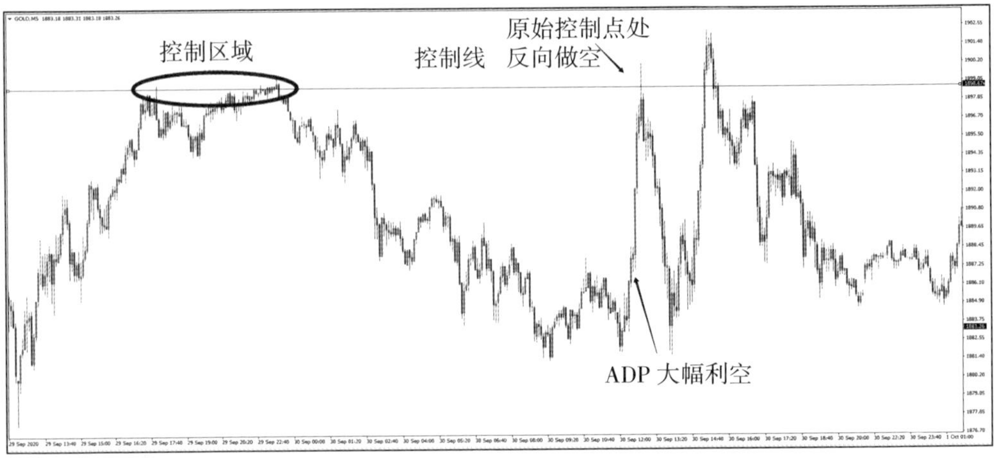

图3-59

非标准AE行情：小非农数据公布后，行情走势和小非农指示的方向相同，这属于被市场预期到的常规情况。根据市场有效理论和理性预期理论，被预期到的事件不能获取更大的收益，并且也不能改变市场运行的轨迹。在这种情况下，借助原始控制点，当价格反向回档，与小非农数据指示方向相反且抵达原始控制点的时候，反向交易获利概率非常高。

图3-60为2020年8月5日公布的小非农数据。公布值16.7＜预期值150＜前值236.9，根据《玩转大非农——黄金、外汇、原油非农行情实战技法》一书中讲解的“析金法”，可以判断出小非农数据大幅利多黄金。

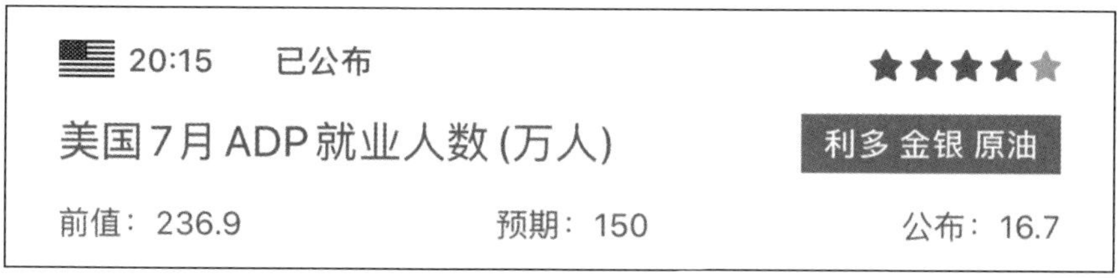

图3-60

图3-61为国际黄金5分钟级别K线图，时间跨度为2020年8月4日到2020年8月6日。美国公布小非农数据后，小非农数据大幅利多黄金，行情先受利多刺激影响小幅拉升，随后震荡反向下跌（这是一个非标准的AE战法行情，可以适当减少仓位）。根据AE理论，原始控制点出现做多信号，随后黄金价格震荡上扬。

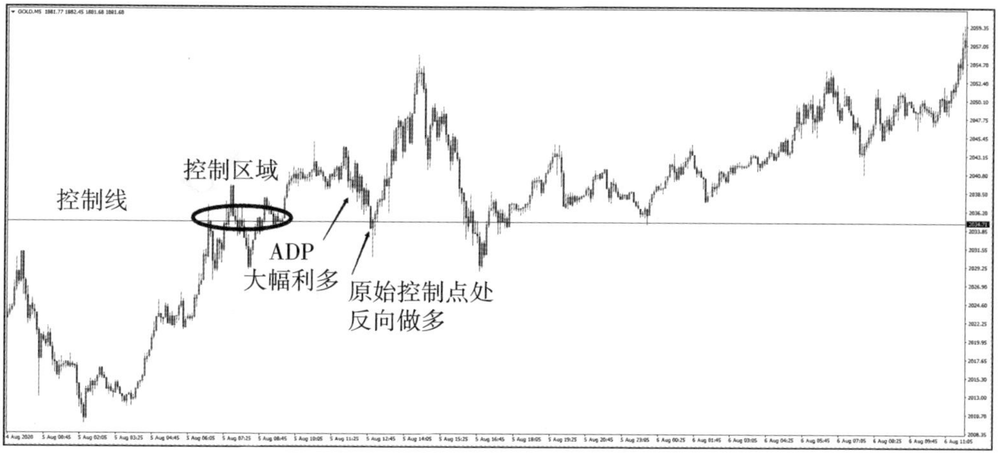

图3-61

3.7 顺势战法

顺势战法是指以决策线为前行指标，以CCI共振为入场信号的交易方法。在顺势战法中我们需要使用两个技术指标，一个是决策线，另一个是CCI指标。下面我们分别来介绍这两个指标。

3.7.1 决策线

决策线即MA60，是过去60天的平均收盘价格，反映了60天的平均成本，MA60是明确价格中期反转趋势的均线。

在国际市场中，机构、大财团等对行情短期影响是非常大的，但是国际市场庞大的交易量，以及他们自身资金的局限性，让他们并不具备长期影响价格的能力，60日说短不短，说长不长，所以大多数机构会重视60日这个中期和长期的多空分水周期，并以MA60作为自己的最后防线，它是中长期趋势的多空分水岭，一般价格升破或跌破该均线都是代表一波牛市或熊市的到来，这时候就到了做最后决策的时候了，如果前期是获利的，那么这是最后极限目标出场点；如果前期被套牢，MA60是最后逃命的机会，不然很容易彻底翻船。

图3-62为黄金4H级别K线图，行情时间跨度为2020年11月11日到2021年2月12日，图中均线为MA60。

如图3-62中箭头所示，当价格跌破和升穿MA60之后，黄金都分别迎来了一波主跌浪（跌近135美金/盎司）和主升浪（涨近134美金/盎司）。如果方向做反了的投资者，不及时止损，肯定是爆仓的结局。

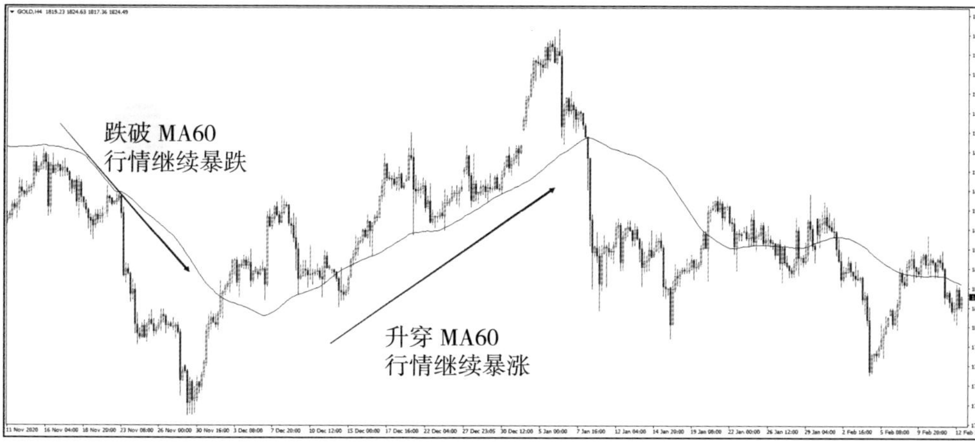

图3-62

3.7.2 CCI

1. CCI定义

CCI指标又叫顺势指标，是由美国股市技术分析学家唐纳德·蓝伯特（Donald Lambert）于20世纪80年代提出的，专门用于测量价格是否已超出常态分布范围。与大多数单一利用股票的收盘价、开盘价、最高价或最低价而发明出的各种技术分析指标不同，CCI指标是根据统计学原理，引进价格与特定期间的股价平均区间的偏离程度的概念，强调股价平均绝对偏差在股市技术分析中的重要性，是一种比较独特的技术指标，广泛用于期货商品市场之中。

CCI属于超买超卖类指标中较特殊的一种，因为它的波动值处于正无穷大和负无穷大之间（一般的超买超卖指标波动值都是一个既定的区间），且不需要以0为中轴线（一般正无穷大和负无穷大的指标波动值需要以0为中轴），所以CCI结合了两类指标的优点，使它成为一个比较优越的超买超卖指标。

因为一般的超买超卖指标，像KDJ、W%R等大多数超买超卖型指标都有0～100的上下界限，因此，它们比较适用一般常态行情的研判，而对于那些短期内暴涨暴跌的股票，就可能会发生指标钝化的现象。而CCI指标正是因为它波动于正无穷大到负无穷大之间，因此它的独特之处是不会出现指标钝化现象，这样就有利于投资者更好地研判行情，特别是那些短期内暴涨暴跌的非常态行情。

图3-63为黄金4H级别K线图，行情时间跨度为2020年11月11日到2021年2月12日，图中均线为CCI指标。

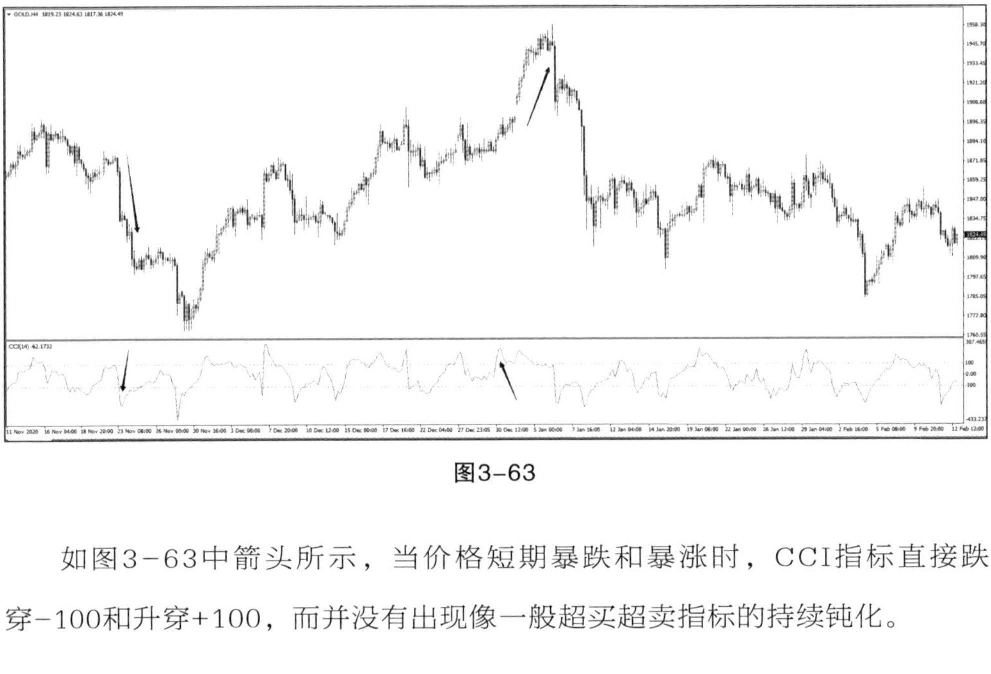

图3-63

如图3-63中箭头所示，当价格短期暴跌和暴涨时，CCI指标直接跌穿-100和升穿+100，而并没有出现像一般超买超卖指标的持续钝化。

2. CCI运行区间

CCI指标的运行区间分为三类：-100以下为超卖区，+100以上为超买区，+100到-100之间为震荡区，三个区域具有不同的意义，首先在+100到-100之间的震荡区，该指标基本上没有意义，不能对大盘及个股的操作提供多少明确的建议，因此它在正常情况下是无效的。当指标处于-100以下或者+100以上时，表明价格已经脱离常态，进入了弱势状态或者强势状态，直接介入做空或者做多，成功赚钱的效应比较大。

3. CCI常规用法

当CCI指标曲线从上向下突破+100线而重新进入常态区间时，表明市场价格的上涨阶段可能结束，将进入一个比较长时间的震荡整理阶段，应及时平多做空；当CCI指标曲线从下向上突破-100线而重新进入常态区间时，表明市场价格的探底阶段可能结束，有可能进入一个盘整阶段，应及时平空做多。

图3-64为黄金4H级别K线图，行情时间跨度为2020年11月11日到2021年2月12日，图中均线为CCI指标。

图3-64

如图3-64中箭头所示，当CCI从+100上方向下突破时，短期暴涨也随之结束，行情开始下跌，如果及时做空可以立马获利；当CCI从-100下方向上方突破时，短期暴跌也随之结束，行情开始上涨，如果及时做多可以立马获利。

当CCI指标曲线从下向上突破+100线而进入非常态区间（超买区）时，

表明市场价格已经脱离常态而进入强势状态，应及时进场做多；当CCI指标曲线从上向下突破-100线而进入非常态区间（超卖区）时，表明市场价格已经脱离常态而进入弱势状态，应及时进场做空。

图3-65为黄金4H级别K线图，行情时间跨度为2020年11月11日到2021年2月12日，图中均线为CCI指标。

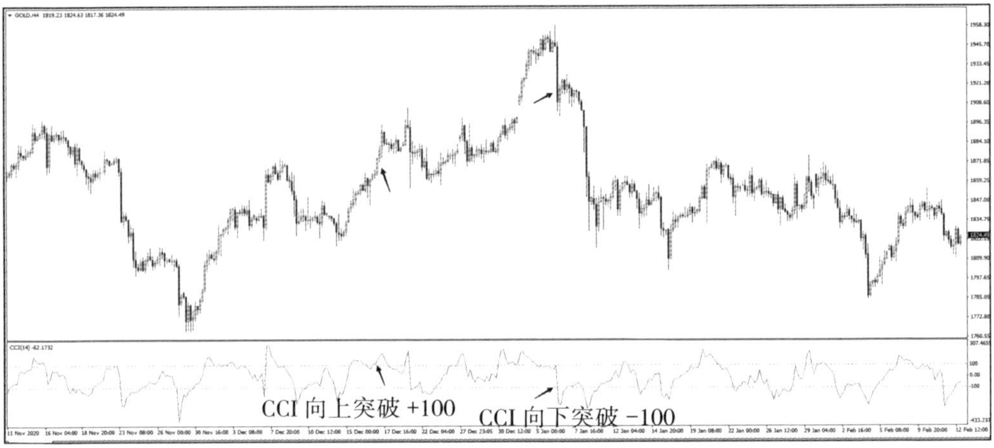

图3-65

如图3-65中箭头所示，当CCI向上突破+100时，对应行情也快速大涨，如果及时做多短期可以快速爆赚；当CCI向下突破-100时，对应行情也快速大跌，如果及时做空短期可以快速大幅盈利。

3.7.3 顺势战法应用

CCI虽然比一般超买超卖指标都好用，但是它也有两个重要的缺陷。第一，没有明确的入场价格信号；第二，无法避开指标的滞后性。

图3-66为黄金4H级别K线图，行情时间跨度为2020年11月11日到2021年2月12日，图中均线为CCI指标。

如图3-66中箭头所示，当CCI向上突破+100时，指标是滞后的，在当前的K线上不能完全确定其已经突破，必须等当前K线收盘之后才能确定真正突破，并且指标也不能给出明确的入场价格，只能根据突破值进场，这对于短线交易入场点是不够精确的，经常会因为过大的回撤而打掉止损。

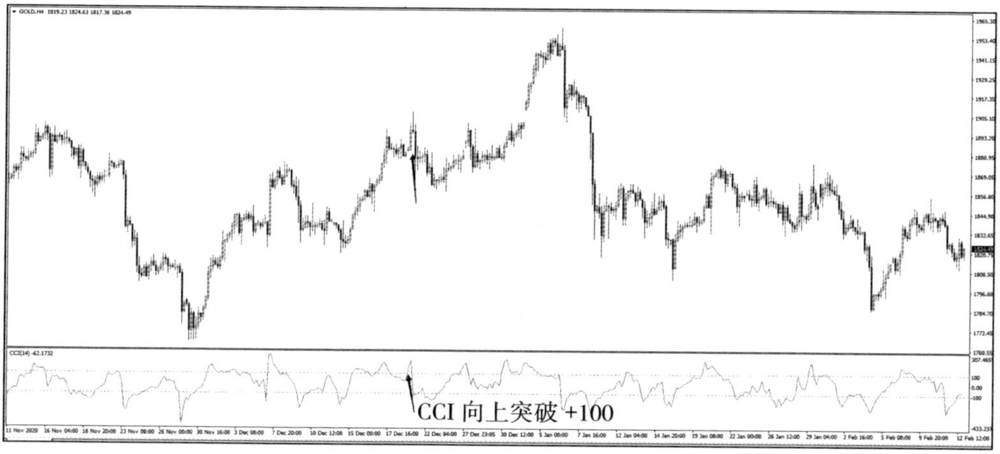

图3-66

如果我们按照图3-66中箭头所示，等下一根K线确认突破之后再进场，行情立马变成了最高点，高位站岗，瞬间暴跌。这是CCI向上突破+100的用法，其他用法也都无法避免这样的缺陷。

所以，为了避免CCI指标经常性地出现这种困境，我们可以使用MA60作为它的先行趋势指标以及精确的入场信号。

（1）当MA60朝上，且CCI≤-100时，价格回撤到MA60时做多。

图3-67为黄金4H级别K线图，行情时间跨度为2020年11月11日到2021年2月12日，图中均线为CCI指标。

如图3-67中箭头所示，MA60朝上，且当价格回撤触及MA60时，CCI同时小于-100，因此符合共振做多条件，此时进场做多，金价立马起涨，而且买到了至低点，轻轻松松大幅获利。

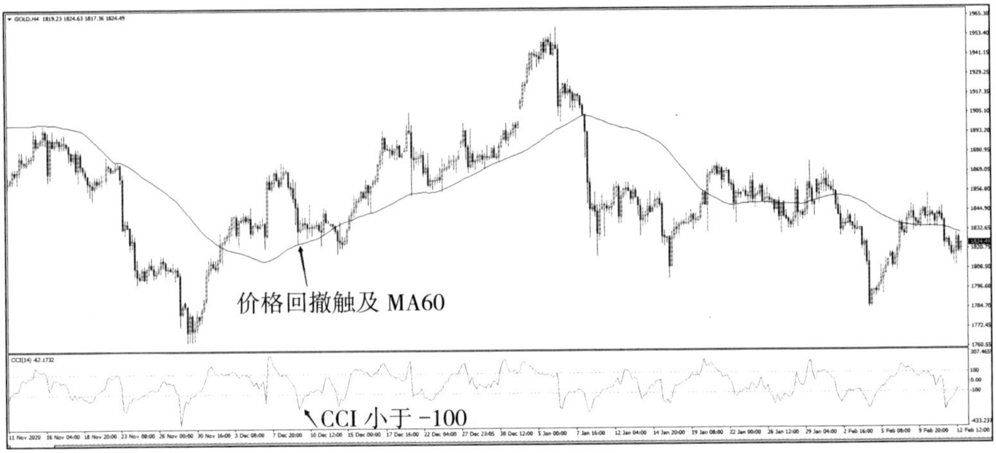

图3-67

（2）当MA60朝下，且CCI≥+100时，价格反弹到MA60时做空。

图3-68为黄金4H级别K线图，行情时间跨度为2020年11月11日到2021年2月12日，图中均线为CCI指标。

图3-68

如图3-68中箭头所示，MA60朝下，且当价格反弹触及MA60时，CCI也刚好位于+100位置，因此符合共振做空条件，此时进场做空，金价立马直线大跌，而且买到了至高点，快速斩获利润。

（3）当MA60呈水平线时，CCI在-100处做多，在+100处做空。

图3-69为黄金4H级别K线图，行情时间跨度为2020年11月11日到2021年2月12日，图中均线为CCI指标。

图3-69

如图3-69中箭头所示，MA60呈水平线时，当CCI处于-100，进场做多，此时刚好是震荡区间行情的最低点，立马反弹获利；当CCI处于+100，进场做空，此时刚好是震荡区间行情的最高点，立马跳水快速盈利。

综上所述，我们可以发现，给CCI加上MA60作为先行指标之后，CCI的盈利能力得到了极大提升，瞬间变成王者级别的交易体系了。主要原因是MA60作为决策线，具有一定的稳定性，可以抚平CCI指标的滞后性，并且MA60作为明确的入场点，从抽象变具体，既提高了概率又提升了交易的操作性。

第 4 章

心理分析
——成功的本源

自从有了资本市场，人类就多了一个没有硝烟却残酷无比的战场。天下熙熙皆为利来，引得众生趋之若鹜。

交易市场魅力无穷却又扑朔迷离，深陷其中的人们总想探究它的本质，以求获得永恒的盈利秘诀。交易的目的是盈利，但是稳定盈利的人很少。市场面前，人性的弱点被无限放大，个人显得那么脆弱，几乎不堪一击，但是也不乏在市场中大赚特赚的人。

为什么有人看似能够轻易地获取财富，而有人却一再亏损呢？因为不同的人所处的环境不同，拥有的经验不同，囿于不同的限制，从不同的角度观察和研究交易市场，得出的结论往往大相径庭。下面就让我们从本质上来揭开交易神秘的面纱吧！

4.1　自我定位

交易的本质之一就是自我定位，即明白自己的优缺点、适合投资的品种、适合的投资风格、未来的投资周期。只有了解了这些，在日后的交易中才不至于迷失方向。

大部分散户有一个很大的投资误区，就是他们把大部分时间花在去各大论坛、网站、新闻媒体上，寻找市场未来的大趋势。其实对于一个短线投资者来说，这种做法基本没有多大的作用。比如，在一个中长期上涨趋势中，即使买进了，也会由于大幅回撤而无法承受浮亏，一样会亏损割肉或者爆仓。但是在这之后，行情不断地大幅上涨，此时散户却已经出局，这就是散户最大的误区。尤其是对于短线投机者来说，不要去猜测一个月、几个月甚至一年的行情走势，因为它并不能给你带来多少盈利。

对于短线投机者来说，买到好的入场点才是盈利的关键所在。如果入场点没有买对，趋势对不对都很可能会亏损。当然，如果具有把握精准入场点的能力，那么再结合趋势，就会使交易锦上添花。

如果行情趋势是上涨的话，那么大部分行情走势都是上涨的，据此操作，可以提升交易系统获胜的概率。如果没有能力抓到精准入场点，过分关注趋势，只会让人亏得更惨，因为这时有很多证据支持趋势判断正确，这样会让短线投机者往死里抗，价格回撤稍微大一点就会出现爆仓。如果对趋势判断失误，那么入场的话更会陷入万劫不复的境地。

对于交易我们不能碰运气，如果能力不足，就勤奋学习。新手很容易进入误区，因此，弄清楚自己是短线投资者还是中长线投资者，在学习交易之前至关重要，定位不同，学习的方向和内容也可能不同。

短线操作重点在于买点。点位买对了，不管顺势还是逆势都能盈利，点位买错了，不管顺势还是逆势都会亏损。

“短线功在精于点，中线成在善于势，长线卓于价值”，这句话的意思是短线投机的灵魂是买卖点，需要研究精准买卖点的技术；中线投资的灵魂是跟随趋势赚取市场趋势行情，需要擅长趋势研判技术；长线投资的灵魂是价值，需要对产品的价值很了解。每个人都应该给自己定好位，清楚自己想做什么产品，是什么交易风格，然后再朝着那个方向去努力。

但是短线、中线、长线三者之间又有很多联系。有一些人因为网上有人说中长线持仓赚钱容易，所以极度厌恶短线交易。其实中长线持仓的功力来源于强悍的短线交易能力，是短线交易能力的延伸。如果短线交易水平不行，中线持仓就无从谈起。如果找不准买点，一进去就是死扛，对于大部分心理脆弱的散户来说，无论对大趋势的判断是对还是错，都无法忍受长期的浮亏，最后都会失败。

短线交易是初级，中线投资是中级，长线投资是高级，不可能越级而上。那些交易大师，你只看到他们是在中长线投资上获得成功，但没人告诉你，他们是通过短线交易练出来的，天才利弗莫尔就是最好的例子。强调短线交易，并非短线交易更容易盈利，而是因为那是中长线投资成功的必经之路。如果每次做交易一进去就是扛着，即使是中长线投资，长期来看效果也不好，而且持仓心态也会很差。短线交易实力超级强悍，交易能力自然会升级。尤其以前做股票的散户，建议短线技术能力没有大幅提升之前，不要轻易涉足黄金交易，因为股民大多喜欢越跌越买，越跌越加仓，缺乏止损的概念。

短线交易技术非常重要，在技术能力不足之前，每天通过学习去提升自己的能力。针对自己的实际情况，认真规划，以便日后能更快地成功。

4.2　奥卡姆剃刀理论

交易的本质之二就是奥卡姆剃刀理论，即交易方法越简单越好。

每个交易者都在追寻稳定盈利的模式，但是遗憾的是，大部分人孜孜不倦地探索，也未能明白其中的真谛。很多人对行情分析得很准，但每次做交易的时候又经常出错。还有些人能够连续一个月甚至几个月交易单子都盈利，但是一次亏损就把所有盈利都吐了出来。即使他们无法稳定盈利，但还是沉迷于自己随机的盈亏之中，最终在亏损中恶性循环。他们觉得自己的交易方法很好，行情也看得准，自己缺的并不是交易能力，只是心态问题。其实换个角度看，可能正是他们使用的方法存在重大缺陷，放大了他们的恐惧和贪婪，导致无论如何都难以克服心态上的弱点。

我认识一个朋友，他就属于一个行情分析很准但操作起来很差的人。他使用MACD指标和波浪理论相结合的交易方法，这种方法判断大方向比较好，但是在点位上不够精确，滞后性太强，导致他每次买入都要抗一大波行情。每每面对巨大的浮动亏损，心理承受的压力非常大，导致他难以坚守最初的交易原则，最终不是恐惧割肉，就是解套就跑，反正无论对错总是无法稳定盈利。他并不是因为交易心态不好，而是交易方法存在根本性的缺陷。他没有系统性的入场机制，粗糙的进场点不但导致一进场就承受亏损，而且还缩小了盈利空间，有时连浮盈都没有，行情就彻底反转了。这样的交易方法，谁都难以坚持交易原则，再怎么努力都只能是白交学费。最根本的解决办法是完善交易方法，而不是把罪过归为心态，这个黑锅，心态背的太重。

另外一个朋友则和他相反，十多年的交易经验，他打下了非常强悍的技术功底和盘感，但是他是一个地地道道的逆势操作者。由于技术能力很强，所以短线位置往往抓得非常准，经常是一进去几分钟之内就可以盈利出场。因为他是做短线交易，所以必须重仓进场，利润才会显得可观。他最长的盈利交易记录为7个月，7个月之内几乎每天都在盈利，资金曲线也呈直线上涨。但是，常在河边走，哪能不湿鞋。由于重仓的缘故，一旦看错方向，亏损就会很快放大，并且让他很难执行止损，账户资金三两下就会被打回原形。即使账户反复大起大落，他也拒不承认交易方法有问题，反而自我感觉不错。

他这种交易方法的重大缺陷就是重仓逆势做短线，赚的时候盈利相对很小，仓位太重，稍微亏一点损失就很大，导致难以坚持止损。这样操作一两次还可以，连续出现止损的时候，必将摧毁心理防线，导致扛单爆亏。可是如果轻仓交易，利润又很少，长期的高准度和高概率必然会诱使交易者重仓搏杀，所以这个交易方法本身存在缺陷，不具有可操作性，自然难以稳定盈利。

还有一个朋友更是钻牛角尖，总相信越难的方法越好，认为指标用得越多，获胜的概率会越高，所以每次在交易的时候，总是不辞劳苦地在行情上画满了密密麻麻的辅助线，使用大量指标进行分析，以至于连K线在哪里都找不到。虽然他每次分析出来的买卖点位还算准确，但是连他自己都不敢相信自己的分析是对的，总感觉有那么一丝运气存在，自然也无法指导交易。

其实，K线、均线、MACD、KDJ、RSI、角度线、波浪理论、线性规划、黄金分割线、谐波、机构订单原理、肯特纳通道、市场概况等这些技术分析系统，严格意义上讲，只要完全严格执行，都能稳定盈利。但是在人性恐惧与贪婪的干扰下，哪个交易系统效率最高，最后取决于哪个交易系统能够最大限度地降低对人性的要求，操作性更强。

那么，什么样的交易系统才能最大限度地降低对人性的要求呢？

透过现象看本质。事物的本质一般是极其简单的，大道至简，最简单的方法就是最好用的方法，交易方法也是如此。有些人一味追求高难度的交易方法，甚至有些人把市场神秘化，去追求那些极端的边缘理论，比如混沌理论、星象理论、周易八卦、紫微斗数等，他们觉得方法越难越好，其实不然。一个复杂的交易方法，会消耗更多的时间去学习，自己有没有完全掌握都是一个疑问，就算花了九牛二虎之力，把它学明白了，但是每次临盘的时候，过多的分析步骤，也很难让自己不出一丝纰漏。在资本市场中，差之毫厘，谬以千里，一丝错误，都可能导致整个交易变成亏损。

一门技术，一门学问，弄得很深奥是因为没有看穿本质，搞得很复杂是因为没有抓住关键。其实大部分成功者的交易方法都是极其简单的。比如，巴菲特不看盘，不研究技术分析，甚至连宏观分析都置之不理，只关注企业的“内在价值”。索罗斯的反身性理论，只是简单地利用人性的投机心理。江恩致力于股市数学模型的运用，但是最终还是推崇《华尔街45年》中极其简洁的十多条操作规则。所以，最好的交易方法是利用最简单的道理，去战胜复杂而变幻莫测的市场。交易者要挥动奥卡姆剃刀，剔除那些烦琐无用的东西，将投资方法简化，简化，再简化。

复杂的交易方法容易使人迷失。在交易过程中，本身需要考虑的问题非常多，人的神经也处于高度紧张状态，哪里还有精力去关注复杂交易系统中的各个细节。人只有在专注、放松、平静、理性的心境下，才能产生正确的直觉判断，所以只有简单化，才利于人们理解和操作，并且往往越简单的原理，越接近事物的本质，简化意味着对事物真正的掌控。奥卡姆剃刀理论，最大的特点是可操作性强，能够克服交易者普遍亏损的共因——难以执行的问题。任何方法，即使再有效，无法让人去很好地执行，也都是空谈。就像管理一个公司一样，就算战略再好，愿景再好，没有办法切实执行，也是一文不值。

记得《期货人生》里有一句非常经典的话：交易是一件枯燥无味的事情，我们每天要做的就是按照交易系统发出的指令操作，交易系统必须要简单再简单，简单到不用大脑思考的地步。

奥卡姆剃刀定律也认为把事情变复杂很简单，把事情变简单很复杂。所以，简单不代表容易，将交易之术变得高效、简洁才是最困难的。这需要交易者多去学习、总结、反思、领悟，达到深入浅出的地步，交易系统才能做到简单可行。

4.3 概率原理

交易的本质之三就是概率原理，即交易是一场概率游戏。

交易是一个系统性工程，里面包含着确定性的因素，但是更多的是不确定性因素，概率原理就是对交易中不确定性因素的总结。

1. 交易的概率性

交易的概率性主要分为两种。

第一，行情波动的概率性。行情有震荡，有上涨，有下跌，不会一成不变，所以即使拥有了极简高效的交易方法，也难以在千变万化的行情中永远保持盈利。

第二，知行合一的概率性。行情在做对的时候可以盈利，在做错的时候会导致亏损，但是很多时候在行情看对或做对的时候一样会亏损，因为人在被干扰、失意、烦躁、疲惫等状态不佳的时候，很容易做出错误的决策。智者千虑，必有一失。交易天才杰西·利弗莫尔曾经本可在空头上再次大赚一笔，却因为他人观点的干扰，让他失去理智，一路做多，最终导致破产。

交易是一场概率游戏，世界上从来没有100%的事情。很多人包括曾经创造过辉煌成就的国际交易大师，最终都是折在了交易的概率原理上。交易中最大的问题就是漠视概率性，孤注一掷地想去抓住某一次机会，最终必会一败涂地。因为错误是肯定存在的，即使概率再小，也必然会发生，即使这一次不错，总有一次会“中枪”。

海龟交易法创始人理查·丹尼斯在训练“忍者龟”时，其招募的对象主要是职业赌徒和桥牌高手。所谓职业赌徒，是指以赌博为生的人，而不仅仅指深陷赌博而不能自拔的人。无论是职业赌徒，还是桥牌高手，其共同特点是精于运用概率来管理风险和收益。刚开始的时候他们所向披靡，创造了无数次交易传奇，但是最终都一败涂地，黯然离开资本市场。

2. 交易概率是非均匀分布

我们知道概率分为很多种，有正态分布、均匀分布、泊松分布、几何分布等。很多新手投资者认为，只要8成概率就一定可以盈利。他们认为10次交易中赚8次亏2次，必然是能够盈利的。这里他们认为的8成概率，其实就是指均匀分布的概率。然而，事实是，交易的概率永远不是均匀分布。在均匀分布的前提下，8成交易概率要求每10次交易都必须胜8次。如果是这种状态，那么当一个投资者在前5次交易中已经亏损2次的话，那么剩下的5次交易必然是全胜的，这样他就可以满仓交易，连续5次获利一定可以大赚特赚。但这显然不符合实际。

交易的概率永远不是均匀分布的，对于8成获胜概率，投资者可以在第一个10次交易中全亏，然后在第二个10次交易中赚4次亏6次，这样整体概率依旧是8成。这种概率表现会导致很多不注意仓位的投资者在第一个10次交易中就亏光了本金，无法继续采集样本，这样就停留在了100%亏损概率上，其实有不少人可以做到8成获胜概率。就算是新手投资者，学精一门技术后，达到8成概率也不难，但是大部分人都错误地把交易概率当作均匀分布，所以才有那么多分析很准的人做起交易来却总是亏损。

依靠概率稳定盈利，唯一重要的因素是扩大交易样本。根据极限定理，当样本无限大的时候，概率就是一个确定的结果。只有样本足够大，才能得到8成概率的胜果，那么，扩大样本就需要投资者持续进行交易，这就要求投资者要合理分配有限资金，做好仓位管理，这样才能有持续交易的机会。

3. 亏损是无法避免的

交易最根本的依据是预测，然而预测押注的是未来，所以预测没有办法得到确定的答案。所有分析都是基于历史，然而历史不一定会重演。总有人把亏损归结为做错行情方向了，因此竭尽全力地寻找近乎100%正确的交易方法，以规避做错行情方向的情况，这无异于缘木求鱼。

从表面上看，亏损确实是因为做错了行情方向，其实从根本上讲，持续亏损是因为错误的交易行为导致的。大多数人格局太小，总是纠结一次两次的交易结果，误以为亏损是由于这一两次交易没做对方向的原因，因此就放大错误效应，把亏钱总结为做错了方向。其实，即使没有这一两次亏损，以后也逃不过总体亏损。

面对所有亏损，才能从根本上解决问题，因为亏损是无法避免的。交易中蕴藏了很多自然法则，而缺陷就是其中最重要的自然法则。概率就是一种缺陷，人无法改变。交易者很难接受那些胜率较低的交易系统，他们为了追求胜率，往往更改这些交易系统的出场策略，比如撤销止损，过早止盈，于是永远陷在赚小亏大的恶性循环中。有时候真的做到了极高的胜率，但是一次亏损就导致满盘皆输。

过分追求高胜率会适得其反。

第一，胜率不是交易持续获得成功的决定性因素。很多成功者，他们的胜率都不高，甚至可以说偏低。美林银行交易员的胜率只有40%，但是每年给美林银行赚到了数以亿计的资产。打个比方，胜率99%，1次亏100万元，99次每次赚1万元，最终依旧是亏损。正因为交易的本质是概率游戏，所以控制盈亏比反而比胜率更为重要。基于资本的有限性，想要在市场上生存，保护资金安全才是头等大事，并不是盈利。

很多技术交易者总是懊恼："我做的单，胜率真的好高，几乎每天都可以稳定赚几十几百美元，只是最后一单没有止损，才导致了爆仓。如果我能严格止损，就一定能稳定盈利。"但是下次交易他们照样爆仓，于是他们总抱怨自己心态差，不能坚决止损，才导致赚不了钱。其实这种说法是在逃避，不愿意面对自己的错误，把错误推给心态不好，这就是人性的弱点，打死也不肯认错。不愿意承认自己技术和能力不足，永远把自己装得满满的，也就无法空杯学习。

这样的投资者不在少数，如果真的每次都止损了，恐怕亏得连一点信心都没有了。其实，他们做出的高胜率都是扛出来的，通过不止损抗出的多数小赚的单。有一位朋友就是如此，我建议他严格止损试一次，结果因为频频止损，再也难以做出高胜率。对此他非常懊恼，抱怨很多单子不应该止损。这个时候他又把问题归结到不应该止损上，但是之前还在埋怨自己没有坚持止损。其实，这正是技术能力不过硬的表现，找不到好的进场点，也找不到恰当的止损点。为了避免频繁止损打击信心，就索性死扛。每次浮亏就抗，扛到小有盈利就跑，所以看似高概率的交易系统，实则质量很差，一次单边行情就足以让他们爆仓，任凭赚几十单都不够一单亏的。

这里提醒大家，做交易不要只关注胜率，还要兼顾盈亏比。只有技术能力强的投资者才有资格谈止损，能力不足的话，找出来的止损点本身就是错的。所以能力不足的投资者，即使天生心态好，也会因为能力不足而导致心态慢慢变差。

第二，追求胜率会导致交易方法过度优化，也就是会增加太多限制条件。这又违反了奥卡姆剃刀理论。运用众多分析工具，即使最终获胜概率可能接近100%，恐怕也难以执行，无异于刻舟求剑。抛弃那些完美交易系统和交易秘诀的想法，从统计上讲，70%到90%的成功率是正常的，高于这个成功率就存在过度优化的问题，低于这个水平的话，存在改进的余地。

第三，选择优化的交易方法，必须要以趋势交易为宗旨，因为趋势交易本身就是大概率事件。如果交易方法是逆势交易，放着本身高概率的趋势交易不用，却使用烦琐的优化手段，虽然提升了概率，也无异于本末倒置，舍近求远。

交易的这种概率性特征和实际风险的不确定性，使得我们在交易的时候不能忽视最坏的情况发生。根据墨菲定律，如果事情有变坏的可能，不管这种可能性有多小，它总会发生。交易会出错这件事是一个必然存在的事件，所以任何企图规避亏损的努力，最终都是枉费力气，我们唯有接受交易的概率性。既然亏损无法避免，那么就换个思维，以多取胜，只要我们每次赚的比亏的多，那么盈利也将是必然事件。

墨菲定理告诉我们，容易犯错是人类与生俱来的弱点。在整个交易生涯中，哪怕是经验丰富的交易员，错误也可能随时发生。能力强的交易者，并非犯的错误比你少，而是在出现错误的时候，处理错误的能力比你强。所以不用刻意回避错误，要善于处理错误，承认交易的概率性，接受不可测定理。

4.4 交易心理

交易的本质之四就是交易心理，即交易结果是投资者交易心理的表现。

投资者的交易行为由投资者的交易心理指引，而交易行为又是交易结果产生的直接原因。从某种程度上讲，投资者有什么样的交易心理，就会产生什么样的交易结果。

世上本无路，人走多了就是路。世间本无节日，成为习惯，就是节日。交易本无技术，用的人多了就成了技术。技术可以没有原理，只要大量人在用，就一定能影响行为偏好，进而影响行情走势。

投机本就是行为论，就是违心学，与人性作战，这与价值投资是很不同的。投机纯粹属于交易行为，长线交易的本质更多偏向于价值，短线交易其本质更多偏向于行为。行为受思维支配，思维受意识形态影响，意识形态受社会环境影响，社会环境上升到自然哲学，所以投机与人性作战，提升的是哲学。投机不谈价值，更多的是谈人性的高度，做到客观交易就是胜利。

比如控制点技术理论，揭示的就是客观规律。在某种价格上无限成交，代表了普遍的接受性，也就是人们普遍认可的合理性，这种价格最容易被接受，最容易刺激人们去买入，买卖量变大，自然对价格产生影响甚至起引导作用。很显然，它得到了强有力的认证，与区间理论、密集成交区理论异曲同工。这就是技术分析，如果你从表面上看不到原理，是因为你还没有了解交易的本质。

价格形成的路线是：有了基本面才有了交易，有了交易才有了价格，有了价格就有盈亏，有了盈亏就有心理预期，有了心理预期人们才会去探索更好的技术以满足自己的心理期望。下面我们来解释一下这个路线。

第一，由于社会分工而造成物资短缺，决定了贸易才能使生活变得更好。这个意思是裁缝会做衣服，而猎人会打猎，这个基本面就决定了裁缝会拿衣服去和猎人换取食物，最终猎人和裁缝的生活都变好了，这是十大经济学原理之一——贸易可以使人们的生活变得更好。所以，有了基本面才会有交易。很多人把基本面看作价格本质的动因，这是没错的。

第二，在交易过程中，必定会产生价格。比如，猎人用两只兔子换取裁缝的一件衣服，这就是价格，就像我们用2元钱买一瓶矿泉水一样。因此，交易行为直接产生价格。

第三，由于信息不完全对称，社会劳动时间也不能精确地衡量，所以交易中必定有人赚了多余的社会劳动时间（马克思主义哲学的内容——衡量物品的价值），另一方自然亏了。比如猎人一天打5只兔子，而裁缝一天可以制作3件衣服，那么很显然，猎人用2只兔子换取裁缝1件衣服是吃亏的，而裁缝在这笔交易中赚了。所以交易价格必然会让某一方获利，而导致另一方亏损。

第四，有了盈亏就会产生心理预期。在下次交易中，猎人就会与裁缝讨价还价，这个过程也会使得价格产生变动。最后他们达成协议，用5/3只兔子换取裁缝1件衣服。

第五，有了心理预期就会催生分析技术。在双方讨价还价的过程中消耗了社会劳动时间，耽误了打猎。猎人想到如果能改良狩猎工具，使自己一天多打几只兔子，这样就不会因为耽误时间而减少收入。或者猎人发现其他部落的人猎到兔子很少，他们的裁缝愿意用1件衣服换1只兔子，这样相对来说猎人就更划算了。这属于基本面分析。

心理预期会促使人们去探索新的技术，对比分析基本面，以选择更好的交易，让自己的心理获得满足。有人说，金融市场的价格波动由心理预期指导，确实如此，所以才会有“买预期，卖事实”这一说法。

基本面和技术面分析都是基于人们的交易心理产生的，这就给我们的交易方法提供了一个优化的方向，即无论是基本面交易法还是技术面交易法，好的交易方法必须以研究交易心理为核心，这样才能更好地揭示交易的本质，如图4-1所示。

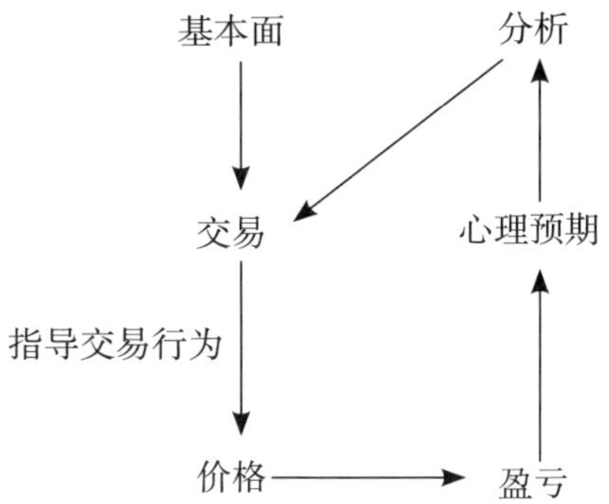

图4-1

巴菲特曾经说过：别人贪婪时我恐惧，别人恐惧时我贪婪。索罗斯的制胜之道——反身性理论等，都是强调交易心理的重要性。

市场符合“二八定律”，亏损的永远是大多数，而亏损者的心理大多又可以分为如下三类。

第一，赌。为什么那么多人沉迷于资本市场，难道全是受金钱的诱惑吗？答案当然是否定的。潜意识地陶醉于人类“赌性”的本能，追求刺激，是很多人深陷资本市场的一个重要原因。害怕无聊使他们都有手痒病，沉湎于“日间杂波”，将自己的精力和热忱放在希望能够迅速获利的快感上，对冷静地观察市场，如何建立稳定盈利的投资方法漠不关心。盲目自信和侥幸心理诱发他们不顾任何风险，孤注一掷地入场交易。

天才交易员杰西·利弗莫尔说过一句发人深省的话：“赌博和投机的区别在于前者对市场的波动压注，后者则等待市场不可避免的升和跌。在市场中，赌博是迟早要破产的。”

第二，不愿接受亏损。由于对未来不确定性的恐惧，无法确定收益的稳定性，大多数人不愿意接受现时的亏损，喜欢将亏损均摊，期待奇迹出现，最后导致短单变成长单，长单变成对锁单，最后解锁变成暴仓单。然而亏损是交易获利必须付出的代价，是寻找获利机会的成本。但是，不愿接受亏损的人，把它当作沉没成本，最后由小成本酿成大成本，大成本酿成巨大的沉没成本。

第三，预期。每个刚进入资本市场的人，看到的都是让人心动的利润，却忽略了无处不在的陷阱。“二八定律”是客观存在的，不会因人而改变。资本市场的钱并没有想象中那么好赚，等美好的愿景被市场击碎之后，现实与理想有了巨大的落差，他会不知所措。失望之余，他会开始进行冲动交易，重仓交易，无视任何交易纪律，最终导致大亏。投资者务必要做的是，在入市之前，充分了解市场风险，适当降低预期，避免巨大的心理落差导致过分交易。

跟一位读者聊天的时候讲到预期收益，他自认为要求很低，说了一句：“嗯，我的预期收益很低，做到年化收益率30%就够了。”巴菲特年化收益率达20%即封神，为何你觉得30%的预期已经很低了呢？

归根到底，还是因为贪婪。首先，年化收益率不是提前定出来的，而是根据盈亏的结果换算出来的。年化收益率是在一个较长的投资周期内，根据最后的收益计算出来的，公式如下：

$$终值=初值\times（1+年化收益率）^{n}$$

比如，经过5年的投资，最后赚了300%，但这5年中，有可能部分年份赚50%以上，部分年份亏损。所以，巴菲特不是自己提前定了一个每年赚20%的目标，而是他在55年的投资生涯中，总共赚了2.5万倍，折算下来，年化收益率约为22%。我们普通投资者，动不动就给自己定一个30%的年化收益率，甚至100%，是不是很魔幻？

所以很多人明明给自己定了高达天际的收益预期，还觉得这个预期已经很低了，殊不知自己完全就是徒手摘月、负山过桥，在这样的压力下，哪里有成功可言？当然，这也和投资格局和投资周期有关。很多投资者的投资周期只有一年，这一年赚了100%，那年化收益率就是100%。但短周期下的投资收益数据不具备稳定性，没有任何参考价值。投资格局越大，投资周期越长，年化收益率就越贴近真实。

如果投资者只是想来金融市场短暂地博一两年，那么收益率年化不年化也没什么关系，因为这个数据没有任何意义。如果投资者想长期投身金融市场，那就要科学理性地看待年化收益率。如果当年的实际收益远高于预期收益，那仅仅是超预期，不能以此来幻想自己未来的投资收益也是如此。如果当年的实际收益远没达到预期收益，也别气馁，因为这也并非真实的收益能力，只是没有达到预期而已。

投资理念对了，收益自然会到来。越费力的交易越不赚钱，越轻松的交易越赚钱。不要相信别人鼓吹一个月几倍甚至几十倍的收益，短期这种收益可能是真的，长期肯定不行。并非99%的人不适合交易，而是99%人都贪婪。放下高达天际的预期收益率，99%的人都可以成为优秀的交易员。

交易难吗？当然难，如果要求的是无人能办到的事，自己必然也办不到。交易难吗？不难，设定一个常人可达到的目标，就会变得没那么难。大多数人把自己的交易变难了，超出了自己的能力范围。就像很多家长教一年级的孩子学习一样，一看这么简单的题，讲了好几遍，孩子还是不懂，就大发雷霆，可是在孩子的思维中，题目确实很难。所以，不要把自己想象得比巴菲特、利弗莫尔还厉害。

交易心理在盈亏中起决定性作用，它是能否执行交易纪律的决定性因素。绝大部分投资者失败的原因，并不是因为他们缺乏知识，而是因为他们没有遵守交易规则。任何交易方法，最终的载体都是人，所以交易的实质是一场与自我的较量，只有克服人性弱点，才能严格执行交易规则，最终成功获利。

4.5 知行合一

交易的本质之五是知行合一，即要有坚定的信念去执行自己的交易方法，执行自己的交易规则，执行自己的交易计划，这是成功的重要因素。

然而，大多数情况下，投资者因为内心的迷失而失败，一个消息，一根K线，一个数据，就能将人引入迷途。华尔街对长期亏损的投资者做了多项调查，统计发现他们的交易方法不固定，交易规则形同虚设，交易计划随意更改。这是导致他们失败的主要因素。

交易方法固然重要，但是如果不去认真执行，再努力也注定会失败。正确的投资方法有很多，成功的路径却基本一致。就像梦想再好，如果不去践行，就会变成幻想。一切成功最终都要归结为按规则执行交易，规则是什么，我们就去做什么，如此简单，即可成功。但是越简单的道理，人越是看不透。

“天下熙熙，皆为利来；天下攘攘，皆为利往”，每个交易者都是如此。交易利润是由行情变动和头寸方向一致产生的，所以大部分投资者会错误地认为只要看对了行情就能盈利，以至于把所有精力都放在行情预测上，希望尽可能提升获利概率，从而忽视交易纪律。

根据概率原理，没有人能100%预测到行情，所以可能一次违背交易纪律，前期花费的九牛二虎之力就付之东流。久而久之，他们对行情就会产生恐惧，因为在他们的交易菜单上，没有如何处理错误的选项，只要方向做错，就会方寸大乱。很多投资者认为，如果大趋势看错了，那就是致命的。在这些人的交易理念里，没有“止损”这个概念。换句话说，他们成功的条件是拥有100%的正确率，这显然不符合事实。有很多人十次赚了九次，最终依旧大亏，甚至连赚几年，一个月之内亏光了所有的也大有人在。

交易纪律的重要性不言而喻。光有交易规则不能盈利，但是交易规则是成功的最后一道坎，好的交易规则加上强悍的交易纪律，才能使交易者走上交易巅峰。

很多人并不是不知道交易规则的重要性，但是就是无法执行，而且把大量时间放在行情预测分析之上，这无异于本末倒置。

交易规则难以执行有几个重要原因。

第一，交易规则是一个抽象的东西，不像行情似的，肉眼可见。人更愿意去抓住自己看得见的东西，忽略看不见的东西。

第二，交易规则通常与人性矛盾。交易菜单里有止损割肉选项，而割肉是很疼的，这无疑是很多人不愿意干的；交易菜单里有稳定获利选项，而人性是贪婪的，所以有很多人经常孤注一掷，企图侥幸赢得市场，但市场是不以任何人的意志为转移的；交易菜单里有风险选项，而人往往只看到有利的一面，对交易潜在的风险会自动过滤，这也是大部分人喜欢频繁做超短单的原因，以为做得越多赚得越多。我曾见过技术确实过硬的投资者一夜做了100多次交易，当然最后是亏损的。其实以他的能力，什么也不用做，降低交易频率就可以赚钱。根据行情不可测定理，日内杂波是无法预测的，我们不可能抓住每一波行情，应该尽可能回避那些风险大的短线行情，把握日内几波风险相对小的行情即可。

第三，采用的分析工具没有决定行情涨跌的买卖力量，而是从侧面反映市场，具有不确定性。决定价格涨跌最直接的因素是市场的买卖力量，如果整个市场同时有10万亿美元在做多，只有9万亿美元在做空，那么可以得到肯定的答案，就是价格必然会上涨。然而不管是波浪理论、江恩理论、海龟理论等技术分析方法，还是CN理论、价值投资等基本面分析方法，虽然其成功者也有，但是由于立论基础是基于市场之外的自然法则，并且技术分析也是建立在三大假设之上，都有适用的条件和范围，因此投资者往往只敢把它们作为交易的辅助工具，而不敢把它们作为交易的决定性依据。

投资者的风险厌恶情绪让他们本能地企图去规避每一次亏损，结果往往是在更改交易规则的时候，酿成了更大的错误。从概率原理我们知道，交易有亏有赚，只要做到盈亏合理，保持稳定盈利是可以实现的。由此可见，真正的失败都不是因为判断错行情导致的，而是因为没有遵守交易规则。

能不能稳定盈利主要取决于概率和盈亏比，只要做到相对高概率，又能控制好盈亏比，保持赚大赔小，满足这两个条件，盈利将会变成一个确定性事件。然而，这一切都要建立在严格执行交易规则的基础之上，而能不能坚守规则，则取决于我们内心对交易方法的信赖程度。

做交易也是一样，我们必须要对市场认知、交易方法、自我认知有信赖感，才能对交易规则产生强大的信念，这个时候我们的思维结构就会发生改变。在没有产生强大信念的时候，任何遵守纪律的想法都会被侥幸、盲目、无知所拒止。有了强大的信念之后，对交易市场、交易方法有了深刻的认知，任何试图改变交易规则的想法，都会被我们内心强大的信念所抗拒。

产生信念的具体步骤有四个。

第一，不断学习，认知市场。

受教育、经历、社会环境、时代环境等各种因素的影响，每个人都有自己的局限性，所以每个人都表现为有限理性。人们只有通过不断的学习，深入认知市场，才能从市场中找到适合自己的交易方法。一个不爱学习的人，是永远不可能成功的，就像无法与井底之蛙谈论大海，无法与夏蝉谈论冰雪，无法与骄傲自满的人谈论智慧一样。任何交易系统的构建都经历了“简单—复杂—简单”的过程，首先必须不断学习，然后构建具有高胜率的交易系统，最后将交易系统简化。

第二，简化方法。

“天下大事必作于细，天下难事必作于易”，投资市场亦是如此。从奥卡姆剃刀理论中，我们知道交易方法越简单越有效，也越易于执行。虽然概率不是盈利的必要组成部分，但是它确实是实现稳定盈利的重要因素。交易心理给我们提供了一个优化概率的最佳途径，任何交易系统的优化路径都必须依据交易心理为主线才能不断得到提高，那些神学、混沌、易经、自动化交易策略都不能有效提高交易系统本身的盈利概率。

第三，改变性格。

改变性格是改变信念的第一步。曾经有人问我，什么性格的人适合做期货？我说，任何性格的人都适合。这是为什么呢？

性格是指人的性情品格，是人在自身态度和行为上所表现出来的心理特征，比如腼腆的性格、暴躁的性格、果断的性格和优柔寡断的性格等。而本性是人天生具有的不可改变的思维模式，比如防御心、求知欲、荣誉感等。

当然，人的本性还包括求生、感知等。

性格是在社会生活中逐渐形成的，同时也受个体生物学因素的影响，而本性是天生的，无法改变。“江山易改，本性难移”，本性是无法改变的，但是性格确实可以改造。如果你是暴躁急切的性格，经常拿不住单，可能是生活环境让你的性格变得暴躁。但是，在残酷的金融市场，也可以把你的性格磨砺得毫无脾气。性格本身具有不稳定性，可以不断去塑造。进入金融市场，就会把自己不适合操盘重塑成适合操盘的性格，如果连自己的性格都不能改变，那么谈其他的也无济于事。

至于本性，操盘中常说的恐惧和贪婪是阻碍成功的绊脚石，二者就是人的本性。既然是本性就难以改变，所以最常听到的就是克服弱点而不是改变弱点的说法。人性弱点即使能克服，也终究会有不能克服的时候。以克服脆弱心态而成功的交易者，无论当下多么辉煌，终究有马失前蹄的一天，这就是为什么有那么多大师级别甚至划时代的大理论家，最终都黯淡离开市场的原因。比如叱咤风云的杰西·利弗莫尔开枪自杀，划时代的理论家江恩晚年穷困潦倒，海龟交易法创始人丹尼斯最终大亏80%，黯然离开市场……

无法改变贪婪和恐惧，纵使可以克服脆弱的心态（其实是人为的自我束缚），但无法持久成功。那么，是不是金融市场中只有像杰西·利弗莫尔、江恩、丹尼斯这样最终陨落的明星，没有寿星呢？答案当然不是。

第四，产生信念。

既然贪婪和恐惧的本性无法改变，那么我们就要转移信念，改变贪婪、恐惧的对象。如果我们通过大量学习，彻底认知到不遵守交易规则必将导致覆灭的结果，因此对不设止损产生恐惧，对贪婪产生恐惧，从而不敢随意重仓来孤注一掷，在获利时认知到如果不贪婪，最后肯定也无法赚到钱，就会让自己不轻易离场，持仓坚持到价格达到止盈目标为止。这样，交易规则就在恐惧和贪婪的作用下得以很好地执行。

对简单且有可操作性的交易系统产生强大的信念后，将简单的事情不断重复地去做，充分利用确定性，最大限度地规避不确定性，机械地复制盈利的交易，你的交易水平和交易格局就会达到一个新的境界。此时，你可能对交易会感到无聊，就像其他工作一样，但此时你的稳定心态反而会让你获利更多，你潜心磨炼出来的交易系统，也会给你带来最大的利润，然而风险并未增加。

成功，最终在风平浪静中得以实现。

《十年操盘——黄金投资稳定盈利模式》

挥舞趋势交易之利剑　打开持续盈利之门

本书为投资者提供了一套完整的稳定盈利操盘系统，其中最核心的技术理论就是趋势交易法。所谓趋势交易，就是市涨买涨，市跌卖跌。趋势交易告诉我们在行情得到确认前要谨慎试水，不可盲目重仓，一旦突破临界点，行情得以确认，即可大胆建仓、加仓，放大利润。本书中大量真实的趋势分析案例定能让你轻松掌握趋势交易的精髓。

书号：ISBN 978-7-5159-1365-0
定价：49.00 元
上架建议：投资理财／个人理财

《玩转大非农——黄金、外汇、原油非农行情实战技法》

交易新利器 玩转大非农

本书通过分析非农数据对黄金价格的影响，指导读者在非农行情中如何布局黄金投资，重点讲解作者在长期非农实战中总结出的 CN 理论和极限矢量交易系统。CN 理论是适用于非农、加息、EIA 等行情的交易方法，读者可在黄金、外汇、原油投资中结合 CN 理论和极限矢量交易系统，重塑投资架构，让投资风格更稳健。

书号：ISBN 978-7-5159-1543-2

定价：49.00 元

上架建议：投资理财 / 个人理财